Landkarte der Schönburgischen Herrschaften,
angefertigt von Johann Paul Trenckmann
aus Nürnberg, 1760

Schloß und Herrschaft Rochsburg

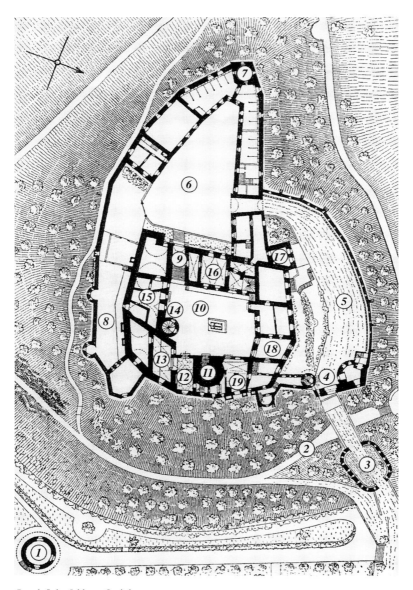

Grundriß des Schlosses Rochsburg
1 *Lusthaus;* 2 *Halsgraben;* 3 *Rondell;* 4 *Tor mit Torwächterturm;* 5 *Nordzwinger mit Wehrgang;* 6 *Wirt-schaftshof;* 7 *Pulverturm;* 8 *Südzwinger;* 9 *Tunneltor;* 10 *Schloßhof mit Brunnen;* 11 *Bergfried;* 12 *Schloß-kapelle St. Anna;* 13 *Wohnturm;* 14 *Kleiner Wendelstein;* 15 *Südflügel;* 16 *Westflügel;* 17 *Nordwesteckturm;* 18 *Nordflügel;* 19 *Ostflügel*

Schloß und Herrschaft
Rochsburg

Herausgegeben von Matthias Donath

Sax Verlag

Bildmotive des Einbands
vorn: Schloß Rochsburg. Postkarte, um 1910
hinten: Schloß Rochsburg. Gewölbe in der Schloßkapelle
Vorsatz hinten
Die Besitzer der Herrschaft Rochsburg seit 1548. Genealogische Übersicht,
entworfen von Matthias Donath
Titelseite
Schloß Rochsburg. Lithographie, um 1840

Bibliografische Information der Deutschen Bibliothek
Die Deutsche Bibliothek verzeichnet diese Publikation in der Deutschen National-
bibliografie; detaillierte bibliografische Informationen sind im Internet über
http://dnb. ddb.de abrufbar.

ISBN 3-934544-92-4

ISBN 3-934544-92-4

1. Auflage 2006
Alle Rechte vorbehalten
© Sax-Verlag Beucha, 2006
Einband: Druck- & Verlagsservice Birgit Röhling, Markkleeberg
Herstellung: PögeDruck Leipzig-Mölkau
Printed in Germany

Inhalt

Schloß Rochsburg. Zeichnung von Ernst Ferdinand Oehme, vor 1850

Schloß Rochsburg – die Perle des Muldentals

Sylvia Karsch

Eingebettet in die malerische Landschaft der Zwickauer Mulde thront Schloß Rochsburg auf einem vom Fluß in enger S-förmiger Schleife umflossenen 50 m hohen, ursprünglich kahlen Felsen. Der Orts- und Burgname Rochsburg ist wahrscheinlich vom altsorbischen Rufnamen Rochol(a) abgeleitet, der im slawischen Siedlungsgebiet bezeugt ist und auch im Ortsnamen Rochlitz auftritt. Um 1170 scheint die erste Befestigung auf dem markanten Bergsporn errichtet worden zu sein. Die Burg erfuhr in den nachfolgenden Jahrhunderten ständige Erweiterungen und Umbauten, bis sie im 15. Jahrhundert ihr heutiges Aussehen erhielt. Im 16. und 17. Jahrhundert wurde das Schloß nochmals im Stil der Renaissance überformt. Der Herrschaftssitz in Rochsburg ist ein früher, bedeutender Übergangsbau von der mittelalterlichen Burg zum modernen Wohnschloß der Renaissance.

Waren die ersten Jahrhunderte von einem häufigen Besitzwechsel geprägt, so blieb die Herrschaft Rochsburg von 1548 bis 1945 in der Hand der Herren (seit 1700 Grafen) von Schönburg. Die Grundherrschaft Rochsburg gehörte, wenn auch nur als wettinisches Lehen, zu den Schönburgischen Landen, einer ursprünglich reichsunmittelbaren Landesherrschaft am oberen Lauf der Zwickauer Mulde um Glauchau, Waldenburg und Lichtenstein. Die Entwicklung der Landschaft und der Orte um Rochsburg ist seit der Mitte des 16. Jahrhunderts untrennbar mit der Geschichte der Familie von Schönburg verbunden.

Die Kulturlandschaft des Muldentals erhielt ihr Gepräge durch die jahrhundertelang betriebene Landwirtschaft, durch die Ausnutzung der Wasserkraft und die Industrialisierung im 19. Jahrhundert. Immer war es eine Nutzlandschaft, die selbst den von Christian von Schönburg im Vorfeld des Schlosses angelegten Renaissancegarten mit seinem runden steinernen Lusthaus mit einschloß. Diesen Garten erweiterte Graf Heinrich Ernst II. von Schönburg-Rochsburg nach 1800 um einen romantischen Landschaftspark im englischen Stil. In dieser Parkanlage, von dessen weitverzeigtem Wegenetz leider nur noch Reste erhalten sind, konnte sich die Natur üppig entwickeln. In ihr liegt auch der Ursprung des heutigen Naturschutzgebiets um die Rochsburg, das als Flora-Fauna-Habitat ausgewiesen ist und in dem viele botanisch interessante Pflanzen zu finden sind.

Diese Besonderheit – ein geschichtsträchtiges Bauwerk, verwoben mit einer einmaligen Natur – lockt seit fast zweihundert Jahren nicht nur Kunst- und Naturfreunde nach Rochsburg, sondern vor allem die Romantiker und Schwärmer. In einer Reihe der Burgen im Tal der Zwickauer Mulde von Glauchau über Waldenburg, Wolkenburg, Penig, Wechselburg bis Rochlitz hebt sich Rochsburg als die romantischste Anlage hervor. Bereits im 1822 in Zwickau von August Schumann herausgegebenen „Vollständigen Post-, Staats- und Zeitungslexikon von Sachsen" wird Rochsburg als sehenswert empfohlen. Der im 19. Jahrhundert in Lunzenau lebende Dichter Hermann Vogler hat in mehreren Gedichten und Erzählungen die

Schloß Rochsburg. Luftaufnahme 1927

Schönheit Rochsburgs und der traumhaften Umgebung gepriesen. Mit der zwischen 1875 und 1877 in Betrieb genommenen Muldental-Eisenbahn war es auch Wanderfreunden aus Leipzig und Chemnitz möglich, direkt nach Rochsburg zu gelangen. Der jahrzehntelang anhaltende Tourismus war sicher ein Beweggrund für die gräfliche Familie, das Schloß zu öffnen und 1911 ein Museum einzurichten. Seit 1932 bot eine Jugendherberge des Sächsischen Jugendherbergswerks Übernachtungsmöglichkeiten für Wanderer, womit Rochsburg als Ausflugsort noch beliebter wurde.

Auch heute noch ist Rochsburg ein attraktives Wander-, Ausflugs- und Bildungsziel. Die jüngsten Restaurierungsmaßnahmen und Nutzungsveränderungen im Schloßgelände haben einen wesentlichen Anteil daran. Die Besucher können im Schloß lange verweilen, vielfältige Interessen werden zufriedengestellt. Außer der sehenswerten Architektur in der Schloßkapelle St. Anna, dem Bergfried mit einer einmaligen Einzeigeruhr und dem Großen Wendelstein Arnolds von Westfalen aus dem 15. Jahrhundert bietet das Museum in den vier Flügeln der Kernburg Einblicke in die adlige Wohnkultur und in die Entwicklung der Mode der vergangenen tausend Jahre. Bereits auf dem Weg zum Museum faszinieren die vordere

Schloß Rochsburg. Gewölbe der Schloßkapelle

Schloß Rochsburg von Nordosten. Gemälde von Wilhelm Leuteritz, um 1850

Toranlage, der Fachwerkwehrgang auf der Nordwehrmauer, der Pulverturm in der Vorburg, das eisenbeschlagene Tor von 1476 am Aufgang zur Kernburg und das Brunnenhaus mit hölzernem Räderwerk aus dem 18. Jahrhundert über dem 53 Meter tiefen Brunnenschacht auf dem oberen Burghof.

Schloß Rochsburg, ein jahrhundertealtes Denkmal der sächsischen Kultur- und Kunstgeschichte, bleibt für alle interessierten Kunst- und Heimatfreunde zugänglich. Im Museum, bei Veranstaltungen im Schloß und auf den Schloßhöfen können die Gäste Geschichte hautnah und unmittelbar erleben. Mögen kommende Generationen das erhalten und weiterführen.

Im Spannungsfeld von Adels- und Landesherrschaft – Burg und Herrschaft Rochsburg im Mittelalter

André Thieme

Wie für zahlreiche der Burgen und Herrschaften im Erzgebirge und im Erzgebirgsvorland liegen auch die Anfänge Rochsburgs im Dunkel einer spärlichen schriftlichen Überlieferung. Dennoch sind wir über das Bestehen einer vielleicht damals höchst unvollkommenen Wehranlage mit herrschaftlich zugehörigen Dörfern vergleichsweise früh unterrichtet, denn mit dem zum Jahre 1190 (1195) in einer wettinischen Urkunde zeugenden Gunther von Rochsburg treten indirekt auch Burg und Herrschaft ins Licht der Geschichte. Die Ursprünge Rochsburgs reichen aber sicherlich noch einige Jahrzehnte weiter zurück und gehören in den Zusammenhang der hochmittelalterlichen Landeserschließung.

Die hochmittelalterliche Landeserschließung

Bis zur Mitte des 12. Jahrhunderts war die Besiedlung des Landes östlich der Saale hauptsächlich auf die siedlungsgünstigsten Gebiete beschränkt geblieben, die durch Rodungen an den Rändern zwar fortwährend erweitert wurden, aber gerade hin zum Erzgebirge wie Inseln inmitten eines weiten, agrarisch noch unerschlossenen Waldlandes lagen, dem Miriquidi. Zu diesen slawischen Altsiedelgebieten gehörten auch der Gau Rochlitz um die gleichnamige Burg an der mittleren Zwickauer Mulde sowie der Pleißengau um die Reichsburg Altenburg. Seit der zweiten Hälfte des 12. Jahrhunderts gewannen die Kolonisationsvorgänge eine neue Qualität: Nunmehr erschlossen aus dem Altreich angeworbene deutsche Bauern unter herrschaftlicher Initiative des eingesessenen Adels die Waldgebiete großräumig und mit hoher Geschwindigkeit. Innerhalb von vier Jahrzehnten, etwa zwischen 1160 und 1200, siedelten sie den gesamten Bereich des Erzgebirgsvorlandes und auch das Gebirge selbst bis in die Kammregionen auf. Dörfer, Burgen und Herrschaften entstanden. In dieses gewaltige Aufbauwerk ist auch die Entstehung Rochsburgs einzuordnen.

Die Erschließung der Rochsburger Region nahm aus dem Altgau Rochlitz ihren Ausgang. Um den Landesausbau zu befördern, hatte der Herr zu Rochlitz, der Wettiner Dedo von Rochlitz-Groitzsch, schon früh die Ansiedlung eines Augustiner-Chorherrenstifts in Angriff genommen, das dann 1168 in Zschillen geweiht werden konnte. Weitere Rodezüge erweiterten das Rochlitzer Gebiet konzentrisch. Im Süden dieser engeren und unmittelbar wettinischen Kolonisation schloß sich muldeaufwärts die kleine Herrschaft Rochsburg an, deren Entstehung sicher in die 1160er und 1170er Jahre und auf die Initiative des 1190 genannten Gunther von Rochsburg oder möglicherweise seines Vaters zurückgeht. Gunther von Rochs-

burg war edelfreier Abkunft, zählte also zum alten Adel und nicht zu den wettinischen Dienst-
mannen. Dennoch stand er zu den Wettinern in einem engen Verhältnis: Bis auf eine
Urkunde bezeugte er durchweg wettinische Ausstellungen, und 1212 beschwor er den Bei-
standspakt zwischen Kaiser Otto IV. und Markgraf Dietrich dem Bedrängten von Meißen unter den „Edlen und Männern" des Wettiners. Möglicherweise gehörten er oder sein Vater zu
jenen Adligen, die den Wettinern aus deren alten Herrschaftszentren an der mittleren Saale
verbunden waren und die nun herrschaftliche Aufgaben im Meißner Markenraum übernahmen. Immerhin stifteten 1224 ein Volrad von Landsberg und sein Sohn Konrad beachtliche
sieben Hufen in Weißig für ein Jahrgedächtnis des inzwischen verstorbenen Gunther von
Rochsburg im Kloster Altzelle. Eine familiäre Beziehung Gunthers zu denen von Landsberg
scheint damit sicher, doch könnte es sich bei Volrad auch um seinen Schwiegersohn gehan-
delt haben. Daß Gunther die Rochsburger Herrschaft unter wettinischer Hoheit erschloß
und später auch als wettinisches Lehen getragen hat, offenbart sich jedenfalls deutlich an der
Übertragung der Pfarre zu Hohenkirchen mit zehn Hufen an das Kloster Buch zum Jahre
1209 (bestätigt 1220), die er hierfür zunächst dem Wettiner Markgraf Konrad von der Ost-
mark auflassen mußte.

Über den Umfang oder die Geschicke der frühen Herrschaft Rochsburg lassen sich nur
Mutmaßungen anstellen. Hinweise gibt die Grenze des Bistums Meißen, die im Bereich von
Rochsburg über die Mulde nach Westen ausgreift. Schlaisdorf, Niederelsdorf, Arnsdorf und
Rochsburg selbst dürften danach im Besitz Gunthers gestanden haben, auf dem östlichen
Ufer Cossen, Göritzhain, Hohenkirchen, Berthelsdorf, Gückelsdorf, Heiersdorf, vielleicht
auch noch Mohsdorf, Burkersdorf und Helsdorf – allesamt Dörfer, deren deutsche Namen
und deren Siedlungsformen auf ihre hochkoloniale Entstehung verweisen. Die Städtchen
Lunzenau und Burgstädt haben zu jener Zeit noch nicht bestanden.

Auch die Beschaffenheit der damaligen Rochsburger Wehranlage auf dem markanten Sporn
an der Muldenbiegung bleibt weithin unsicher. Immerhin scheint sie bereits unter Gunther von
Rochsburg einen zeittypischen und repräsentativen Ausbau erfahren zu haben, denn der Bergfried, das Kernstück hochmittelalterlicher Burgen, entstand wohl gegen Ende des 12. oder am
Anfang des 13. Jahrhunderts, wie die Riefelung der Backsteine am Bergfriedeingang nahelegt.
Daß Gunther auf Ziegel als Baumaterial zurückgriff, zeigt ihn als einen auf der Höhe der architektonischen Entwicklung seiner Zeit stehenden Mann. Ausgreifend vom Altenburger Berger-
kloster hatte man die Bergfriede der Burgen Altenburg und Leisnig, die Kunigundenkirche zu
Borna und das Kloster Altzelle ganz oder teilweise aus Backstein errichtet. In seinem Rochsburger Turmbau ebenso wie aus den vergleichsweise zahlreichen urkundlichen Nachweisen erscheint Gunther von Rochsburg vor dem Horizont seiner Zeit als ein selbstbewußter Adliger von
einigem herrschaftlichen Gewicht, als ein Mann, der nächst den Wettinern und den Burggrafengeschlechtern zu den mächtigeren Herren im Lande zählte. Doch als Gunther wohl um
1219/1220, sicher vor 1224, ohne männlichen Erben starb, sollten sich die Geschicke Rochsburgs in anderen herrschaftlichen Zusammenhängen fortsetzen.

Der vom Gau Rochlitz ausgehende, über Rochsburg nach Süden vorstoßende wettinische
Landesausbau hatte sich in harter Konkurrenz zu den Bemühungen der adligen und ministe-

rialischen Herren des staufischen Reichslandes Pleißen vollzogen, die aus dem Altenburger Raum kolonisierend nach Südosten vordrangen. Bereits unmittelbar südlich der Rochsburger Herrschaft konnten sich reichsländische Gewalten etablieren: In Drachenfels die Reichsministerialen von Drachenfels und in Zinnberg wohl die Burggrafen von Altenburg. Diese räumliche Situation sollte sich für die weiteren Geschicke der Herrschaft Rochsburg als folgenreich erweisen, denn ausgerechnet die Familie der Altenburger Burggrafen begegnet in der zweiten Hälfte des 13. Jahrhunderts nachweislich im Besitz Rochsburgs: 1283 erscheint Burggraf Dietrich II. als „Theodericus de Rochsperc" und 1288 als „dominus in Rochsperc".

Reichsburggrafschaften

Im Zuge eines generellen Ausgleichs zwischen den Wettinern und dem deutschen König Konrad III. richtete dieser noch vor der Mitte des 12. Jahrhunderts neuartige Reichsburggrafschaften östlich der Saale ein, zunächst in Meißen, Dohna und Altenburg. Diese Burggrafen hatten weitreichende Gerichtsbefugnisse über die Bauern der umliegenden Altsiedelgebiete, nahmen mit dem Burgkorn (Wachgetreide) eine ertragreiche Leistung ein und bündelten in ihren Händen weitere Reichsrechte. Im Zuge des Rückfalls der Burg Leisnig an das Reich 1158 wurden auch die dortigen Burggrafen zu Reichsburggrafen erhoben. Eine flächendeckende Burggrafschaftsverfassung konnte letztlich aber nicht verwirklicht werden, dennoch bildeten die Reichsburggrafen eine dem Königtum nahestehende Schicht mächtiger Herren im Lande – eine natürliche Konkurrenz zu den Wettinern. Über die Rechte des Amtes hinaus gelang den Burggrafengeschlechtern im 12. und 13. Jahrhundert der Aufbau umfänglicher eigener Herrschaften, der allerdings auch eine Entfremdung von den ursprünglichen Aufgaben nach sich zog. Im 14. und 15. Jahrhundert gelang den Wettinern die Übernahme der burggräflichen Herrschaften ganz wie in Dohna und Meißen und teilweise wie in Altenburg oder deren Unterordnung unter wettinische Lehnshoheit wie im Fall der Leisniger Burggrafen.

Wann Rochsburg an die Altenburger Burggrafen gelangt ist, läßt sich nicht belegen. Immer wieder wurde vermutet, die Herrschaft sei im Erbgang an die irgendwie mit Gunther von Rochsburg versippten Burggrafen gefallen. Für eine Verwandtschaft Gunthers mit den Altenburger Burggrafen können freilich allein seine edelfreie Abkunft und der spätere Übergang der Rochsburger Herrschaft an das Altenburger Geschlecht namhaft gemacht werden. Doch zählte der Name Gunther eben nicht zu den Leitnamen der burggräflich-altenburgischen Familie, und ein Erwerb der Rochsburger Herrschaft darf auch in anderen Zusammenhängen vorgestellt werden. Zudem steht die politisch-herrschaftlich enge Beziehung des Rochsburgers zu den Wettinern gegen eine Abkunft aus dem Altenburger Burggrafengeschlecht – immerhin die mächtigsten Herrschaftsträger des Reichslandes Pleißen. Statt dessen läßt sich mutmaßen, daß die Rochsburger Herrschaft im Zuge eines strategischen Ausgleichs mit den meißnischen Wettinern an die Altenburger Burggrafen gelangte. Denn wohl nicht zufällig gaben diese um 1220, als die Rochsburger Herrschaft durch den Tod Gunthers vakant wurde, wichtige Stellungen im für die Wettiner zentralen Durchlaßraum zwischen Borna und Rochlitz frei. Dort konnten sich in der Umgebung der alten burggräflichen Herrschaft Frohburg, im neu errichteten Gnandstein, die Herren von Schladebach als enge wettinische Gefolgsleute festsetzen. Zum Ausgleich mag also die an die wettinischen Lehnsherren zurückgefallene Herrschaft Rochsburg vielleicht noch in den letzten Monaten der Herrschaft Markgraf Dietrichs des Bedrängten († 1221) an die Burggrafen verliehen worden sein.

Über kühne Hypothesen ist in der Sache aufgrund der spärlichen Quellenlage freilich nicht hinauszukommen. Fest steht, daß die Erwerbung Rochsburgs Teil eines umfangreicheren burggräflichen Herrschaftsausbaus an der Zwickauer Mulde gewesen ist, denn in der zweiten Hälfte des 13. Jahrhunderts umfaßte der Altenburger Besitzkomplex nachweislich auch die Herrschaften Zinnberg und Drachenfels und formierte damit eine schon größere und bedeutendere zusammengehörige herrschaftliche Einheit, der mehr als 30 Dörfer zuzurechnen waren. Folgerichtig verlagerte sich seit der Mitte des 13. Jahrhunderts auch der Schwerpunkt der familiären burggräflichen Herrschaft von der Wyhra an die Mulde, von Frohburg nach Rochsburg und Zinnberg. Hier wurde den Burggrafen ein zielgerichteter Herrschaftsaufbau möglich, der territoriale Abrundung, wirtschaftliche Homogenisierung und umfassende rechtliche Hoheit einschloß und infolge dessen in Penig schon um 1250 durch konsequente Förderung auch ein städtischer Mittelpunkt der Gesamtherrschaft entstand.

Als die Burggrafen nach der Verpfändung des Reichslandes Pleißen an die Wettiner 1243/53 in ihrem eigentlichen Stammgebiet eine Bedeutungsminderung hinnehmen mußten und Burggraf Albrecht II. nach 1270 sogar ganz aus Altenburg verbannt wurde, gewann der muldenländische Besitz weiter an Bedeutung. Daß sich dies alles auch auf die bauliche Gestaltung der Burgen Rochsburg und Zinnberg ausgewirkt hat, also umfangreiche Ausbauten und Erweiterungen erfolgten, ist anzunehmen, läßt sich aber nicht konkret nachweisen. Im Gefüge der Herrschaft scheint jedenfalls der schon vom Grundriß her geräumigeren Burg Rochsburg immer eine primäre Stellung gegenüber dem beengten, baulich alles in allem bescheidenen Zinnberg zugekommen zu sein.

Nach dem Tode Burggraf Albrechts III. kam es um 1280 zu einer Teilung der muldenländischen Herrschaft in einen Zinnberger und einen Rochsburger Teil. Rochsburg fiel an den Bruder Albrechts III., Dietrich II. von Altenburg, der allein 1289 von König Rudolf mit der Burggrafschaft Altenburg neu belehnt werden sollte. Die nachgeordnete Zinnberger Linie der Söhne Albrechts III. starb freilich bereits um 1299 aus. Möglicherweise fallen aber in diese zwei Jahrzehnte der Herrschaftsteilung die Anfänge des Städtchens Lunzenau, die zweifellos von Rochsburg aus befördert worden sein dürften, denn Penig wurde damals zu Zinnberg geschlagen.

1280 erfuhr die Herrschaft Rochsburg territoriale Einbußen, als Burggraf Dietrich II. dem Zschillener Deutschordenshaus die Dörfer Hohenkirchen, Cossen und Jückelberg ganz sowie das Dorf Göritzhain zur Hälfte einschließlich dreier Wälder zwischen Mulde und Chemnitz übertragen mußte, weil er Schuldverpflichtungen seines verstorbenen Bruders an die Deutschordensbrüder zu begleichen hatte. Offensichtlich widersetzte sich Dietrich II. dem

Verlust, denn wenig später war er in eine Fehde gegen Zschillen verstrickt, die erst 1283 geschlichtet werden konnte.

Am Ausgang des 13. Jahrhunderts bildeten die vereinten Herrschaften Rochsburg und Zinnberg (mit Drachenfels) den Kern der burggräflich-altenburgischen Macht. Rochsburg war residenzielles Zentrum und herrschaftlicher Kristallisationspunkt dieser in Zügen schon landesherrlichen Herrschaft. Doch trat neben die Burg Rochsburger zunehmend die zu Penig wohl bereits zu dieser Zeit neu errichtete Wasserburg, wo bequemeres Residieren, zudem in unmittelbarer Verbindung zum städtischen Mittelpunkt der Herrschaft, möglich war.

Als Nachfolger des um 1303 verstorbenen Burggrafen Dietrichs II. trat dessen Sohn Albrecht IV. auf, mit dem sich das Geschick des Altenburger Geschlechts vollendete. Während der Herrschaft Albrechts IV. erfolgte der endgültige Übergang des Pleißenlandes an die Wettiner, die das alte Reichsland seit 1308 faktisch ununterbrochen in Händen hielten. 1324 unterstellte Kaiser Ludwig der Bayer auch die Burggrafschaft Altenburg der wettinischen Lehnshoheit. Das alte Reichsamt wurde damit mediatisiert. Doch bezog sich diese Lehnsunterstellung allein auf das Altenburger Amt – die familiäre Herrschaft der Altenburger um Rochsburg und Zinnberg wurde davon nicht berührt, sie blieb bis zum Tode Albrechts IV. Reichslehen.

Burggraf Albrecht IV. hatte zunächst in Opposition zur wettinischen Machtentfaltung gestanden, arrangierte sich aber später mit deren unvermeidlich gewordenen Oberherrschaft und stieg in den 1320er Jahren zu einem wichtigen Berater des minderjährigen Markgrafen Friedrichs II. des Ernsthaften auf. Diese Stellung erlaubte wichtige Besitzgewinne. Neben Teilen der Herrschaft Schellenberg (Lauterstein) gelangten 1324 auch die nördlich an die Rochsburger Herrschaft anschließenden Dörfer Göhren, Himmelhartha und Schlaisdorf als wettinische Lehen an Burggraf Albrecht IV. und seinen Schwiegersohn, Burggraf Otto von Leisnig. Damit konnte die Gesamtherrschaft Penig-Rochsburg nach Norden erheblich erweitert und abgerundet werden.

Bereits seit Anfang der 1320er Jahre scheint für Burggraf Albrecht IV. absehbar gewesen zu sein, daß seine Ehe mit der Geithainer Bürgerstochter Swinka keinen männlichen Erben hervorbringen würde. Deshalb konzentrierte er alle Bemühungen darauf, seiner Tochter Elisabeth, die mit dem Burggrafen Otto von Leisnig vermählt war, das reiche familiäre Erbe zu sichern. Die Anstrengungen trugen Früchte: 1323 erreichte Albrecht, daß ihm sowohl Kaiser Ludwig als auch der Meißner Markgraf Gesamtbelehnungen über die jeweiligen Besitzungen ausstellten, die seinen Schwiegersohn Burggraf Otto von Leisnig mit einschlossen. Als Burggraf Albrecht IV. dann um 1327/28 verstarb, konnten Otto und Elisabeth die Herrschaft Penig-Rochsburg ohne Einschränkungen in Besitz nehmen, die jetzt zur Ausstattung einer von Burggraf Otto begründeten eigenständigen Linie der Burggrafen von Leisnig werden sollte – der bedeutendsten und langlebigsten von allen.

1331 erscheint Burggraf Otto von Leisnig erstmals als Herr zu Rochsburg. Die zugleich bestehende herrschaftlich wichtige Rolle der Altenburger Erbtochter Elisabeth dokumentiert sich in deren zum Jahr 1338 urkundlich gewordenen Titel „prefectissa de Rochsberg". Häufiger als in Rochsburg scheinen sich Otto und Elisabeth aber in Penig aufgehalten zu haben.

Dort sind die meisten ihrer Urkunden ausgestellt worden, und nicht zufällig wird die Peniger Wasserburg am Muldenknie vor der Stadt – über deren bauliche Beschaffenheit keine sicheren Zeugnisse vorliegen – erstmals 1356 als „Penik castrum" überliefert. Über die Herrschaft Penig-Rochsburg hinaus verfügte Burggraf Otto über zahlreiche verstreute Besitzungen (etwa Lauterstein, Waldheim, Zöblitz und Kohren), die ihn in der Summe zu einem der mächtigeren Männer seines Standes der Grafen und Herren in den wettinischen Landen machte. Folgerichtig schloß er sich 1334 dem Bündnis der thüringischen Grafen und Herren gegen den wettinischen Land- und Markgrafen Friedrich II. an, doch verließ er diese Koalition offenbar, noch bevor der Konflikt in der thüringischen Grafenfehde eskalierte.

Zum Jahre 1356 überschrieb Burggraf Otto seiner Frau Elisabeth einen beachtlichen Teil der Penig-Rochsburger Herrschaft als Leibgedinge, das nach seinem Tode die Witwenausstattung bilden sollte. Das Verzeichnis dieser Verschreibung hat sich erhalten. Danach haben folgende Dörfer und Besitzungen zum Witwengut der Elisabeth gehört: Stadt und Schloß Penig, der Wald Drachenfels, die Dörfer Mühlau, Chursdorf, Tauscha, Zinnberg, Thierbach, Markersdorf, Wernsdorf, Steinbach, Langenleuba, Dittmannsdorf, (Nieder-)Frohna und Limbach. Als Burggraf Albrecht (Albert) I. zum Jahre 1366 das Witwengut seiner Gemahlin Sophia von Waldenburg bestimmte, wiederholte er die Regelung und räumliche Zuordnung von 1356. Auch wenn diese Aufstellungen ältere Zustände kaum konserviert haben, wird deutlich, daß das Witwengut vor allem den südlicheren Teil der Herrschaft um Penig umfaßte, während der nördliche Teil um die zweite Residenz Rochsburg unter unmittelbarer Verfügung der burggräflichen Herren bleiben sollte.

Ob daraus geschlußfolgert werden kann, daß Rochsburg für die Leisniger Burggrafen nun gegenüber dem zeitweise bevorzugten Penig wieder eine primäre Rolle spielte, bleibt unsicher. Zumindest geht die zu Rochsburg erbaute Alte Kemenate, ein Wohnturm im Stil der Zeit, wohl ins 14. Jahrhundert zurück. Der Bau dürfte mit dem Bemühen in Verbindung stehen, die residenzielle Funktionalität der Burg und das herrschaftliche Prestige der Anlage zu erhöhen. Weitere Ausbauten folgten. 1433 gibt eine Urkunde erstmals Auskunft über einzelne Burggebäude: Erwähnt werden die vordere Kemenate vom niederen bis zum mittleren Tor, ein neuer Keller in der großen Kemenate, die Kapelle und eine Badestube. Die Bauten deuten auf gewachsene Ansprüche an die adlige Wohnkultur hin. Die fortdauernde Wohnnutzung und die damit einher gehenden Renovierungen und Ausbauten legten jedenfalls bereits damals die Grundlage dafür, daß Rochsburg – unbesehen der herrschaftlichen Zubehörungen – im fortgeschrittenen 15. und im 16. Jahrhundert zu den begehrtesten Schloßimmobilien des Landes gerechnet wurde. Welche Bedeutung Nutzung und Pflege für das dauernde Überleben einer Burg besaßen, wird am Schicksal der benachbarten Burgen Zinnberg und Drachenfels augenscheinlich. Diese fielen im 14./15. Jahrhundert dem Teufelskreis von Funktionsverlust und baulicher Verwahrlosung zum Opfer, wurden später gänzlich aufgegeben und haben sich heute nur in kaum sichtbaren Resten erhalten.

Neben das bauliche Engagement trat ein im 14. und auch noch im 15. Jahrhundert stärker spürbarer innerer Ausbau der Herrschaft. Besonders faßbar wird dies an der Förderung der Städte Penig und Lunzenau und auch des Städtchens Burgstädt, dessen Entstehung sicher erst

Schloß Rochsburg. Romanische Fensterarkade des Nordflügels

ins 14. Jahrhundert fällt. Penig erscheint noch unter Altenburger Herrschaft 1313 als „oppidum", also als vollberechtigte Stadt. Damals übertrug Burggraf Albrecht IV. das Patronat der Pfarrkirche an das Kloster Chemnitz. Unter den Leisniger Burggrafen entwickelte sich die Stadt zum wirtschaftlichen und herrschaftlichen Zentrum der Herrschaft: Am Ort wurden das Schloß ausgebaut, der Leisniger Lehnhof und ein herrschaftliches Gericht installiert, ein Vorwerk eingerichtet und eine Zollstätte etabliert. Vor allem im 15. Jahrhundert verliehen die Burggrafen den Peniger Innungen Privilegien und bestätigten deren Statuten. Bereits 1353 hatte Burggraf Otto I. die Schuhmacherinnung mit Rechten und Freiheiten begabt. Aus all dem tritt die hervorragende Bedeutung der Stadt innerhalb des gesamten Herrschaftskomplexes deutlich hervor. Dagegen fällt die Entwicklung in Lunzenau ab. Die kaufmännisch und handwerklich geprägte Marktsiedlung, an einem älteren überregionalen Verkehrsweg gelegen, erreichte 1390 lediglich den Status eines Städtchens. Auf diesem Status verblieb auch Burgstädt, das überhaupt erst 1378 ins Licht der Überlieferung getreten ist. Als nachgeordnete wirtschaftliche Zentralpunkte haben freilich auch Lunzenau und Burgstädt durch ihre bloße Existenz zum funktionierenden ökonomischen Gefüge der Gesamtherrschaft Penig-Rochsburg beigetragen.

Nach dem Tod Burggraf Ottos I. von Leisnig zu Penig 1363 übernahm sein Sohn Burggraf Albrecht I. die Herrschaft. Nur zwei Jahre später, 1365, verloren die Leisniger Burggrafen ihre Stammherrschaft Leisnig durch Zwangsverkauf an Markgraf Wilhelm I. von Meißen.

Doch scheint von diesen Vorgängen – Belagerung und Erstürmung der Burg Leisnig – die Penig-Rochsburger Linie kaum näher betroffen gewesen zu sein. Davon, daß Albrecht I. seinen Leisniger Vettern Heinrich und Albrecht Waffenhilfe geleistet hätte, ist nichts bekannt. Statt dessen war Albrecht auf wettinischer Seite an der Rabensteiner Fehde gegen das Kloster Chemnitz und in der Folge davon auch gegen Veit von Schönburg-Glauchau zu Waldenburg beteiligt. Gemeinsam mit den von Witzleben und von Schönfeld sowie Zwickauer und Oederaner Bürgern besetzte der Burggraf 1386 die Burg Rabenstein, die er vom Meißner Markgrafen Wilhelm gegen die Chemnitzer Ansprüche zu Lehen erhalten hatte, und hielt sie mit den zugehörigen Dörfern bis 1390 in Besitz. Von weiteren Fehden Albrechts I. gegen eine Chemnitzer Familie Ortwin und gegen einen Busso von Zrwenicz ist nichts genaueres zu erfahren, ebenso wenig, inwieweit die Penig-Rochsburger Herrschaft davon betroffen war. Nach fast fünfzigjähriger Herrschaft verstarb Burggraf Albrecht I. im Dezember des Jahres 1411. Er wurde in einer von ihm zu Penig gestifteten Kapelle begraben. Albrecht I. agierte Zeit seines Lebens als Standesherr der wettinischen Lande in politisch-herrschaftlicher Nähe zu den Landesherren, besonders zu Markgraf Wilhelm I. Die unter seiner Ägide zahlreich auszumachenden Güter- und Besitzveränderungen betrafen vor allem den Streubesitz. Der herrschaftliche Kern um Penig und Rochsburg scheint davon nicht berührt gewesen zu sein. Als Residenzen traten sowohl Rochsburg als auch Penig in Erscheinung, wobei sich ein Schwerpunkt nicht ausmachen läßt.

Unter Burggraf Albrecht II. (genannt Wirt), der die Herrschaft zwischen 1411 und 1433 innehatte, blieb die Gesamtherrschaft Penig-Rochsburg letztmalig in einer Hand vereinigt. Nach dem Aussterben der Linie der Burggrafen von Leisnig zu Mutzschen erwarb Albrecht II. die dortige Herrschaft. Er hielt zeitweise auch die Herrschaft Zschopau in seinen Händen. Zudem besaß er Lauterstein und Schwarzenberg und zählt damit wie seine Vorfahren zu den mächtigsten Standesherren des Landes. Burggraf Albrecht II. läßt sich häufig in vertrauter Nähe zu Markgraf Friedrich IV. (seit 1423 Kurfürst Friedrich I. von Sachsen) nachweisen. Mehrere wichtige wettinische Urkunden bezeugte er an vorderer Stelle. Die Jahre seiner Herrschaft standen ganz unter dem Eindruck der Hussitenkriege: Verlustreiche Feldzüge nach Böhmen wechselten sich mit Einfällen und Raubzügen hussitischer Heerscharen ab. Gleichwohl ließ Burggraf Albrecht II. auch die Fehde mit dem Kloster Chemnitz um die Herrschaft Rabenstein wieder aufleben. 1418 stürmte Albrecht die Burg Rabenstein, raubte Pferde, Waffen und Vorräte, legte die wertvollen Fischteiche des Klosters trocken und hielt den Chemnitzer Abt selbst zehn Tage in der Burgkapelle gefangen. Aus den vom Kloster betriebenen Bergwerken zu Kleinchursdorf ließ der Burggraf 200 Wagen Eisenerz abfahren und verkaufen, und zeitweise nahm Albrecht auch die von seinen Vorfahren an Chemnitz verliehenen Patronatsrechte zu Penig wieder an sich. Auf Dauer konnte Rabenstein aber nicht behauptet werden. Rückhalt in der fehdemäßigen Auseinandersetzung bot Albrecht II. ebenso wie seinem Vater die gut gerüstete und befestigte Rochsburg.

Die Fehdeaktivitäten, das teure militärische Engagement gegen die Hussiten und der mit dem 15. Jahrhundert erheblich erhöhte Repräsentationsbedarf eines Standesherrn einerseits, zurückgehende oder stagnierende Einkünfte aus den Grundherrschaften und Regalien ande-

Epitaph für Hugo Burggraf von Leisnig, Herr von Penig, gestorben 1538, mit dem Wappen der Burggrafen von Leisnig

rerseits führten bereits unter Burggraf Albrecht II. zu zunehmender Verschuldung des burggräflichen Hauses, die sich unter seinen Nachfolgern zu einer chronischen Liquiditätskrise ausweiten sollte – übrigens ein typisches Phänomen der Zeit. Diese Tendenz verstärkte sich freilich durch die Teilung der Herrschaft, die Albrechts II. Söhne 1436 vornahmen. Der gealterte Burggraf Albrecht II. hatte bereits zum Jahre 1433 die Herrschaften Penig-Rochsburg und Lauterstein an seine Söhne abgetreten und sich allein Mutzschen vorbehalten. Vorerst regierten die neuen Herren, Burggraf Otto II. und Burggraf Albrecht III., noch gemeinsam als Burggrafen zu Leisnig und Herren zu Rochsburg, auch wenn sich Otto gelegentlich schon Herr zu Penig und Albrecht Herr zu Rochsburg nannte. Zum 1. Mai 1434 veräußerten die Brüder ihre Herrschaft Lauterstein wiederkäuflich an einen Freiberger Bürger für 4 000 Gulden — sinnfälliges Zeichen der Geldnot. Auch die Herrschaft Schwarzenberg scheinen Otto und Albrecht in klingende Münze versetzt zu haben; dort begegnet 1435 ein neuer Besitzer.

Die praktische Verwaltung der burggräflichen Herrschaft übernahmen im 15. Jahrhundert mehr und mehr bestellte Vögte. Solche erscheinen 1433 mit Luphard von Würzburg zu Rochsburg und mit Claus Mauber zu Lauterstein; weiterhin wird ein Hauptmann zu Penig, Heinze von Döhlen, erwähnt. 1439 tritt der vormalige Lautersteiner Vogt Claus Mauber nun als Rochsburger Vogt hervor, als Peniger Vogt ein Dietrich von Zschadraß. Damit läßt sich eine zunehmende Institutionalisierung und Verdichtung der burggräflichen Herrschaft greifen. Die in der vogteilichen Verwaltung sowie der Konkurrenz der Residenzen bereits sichtbar gewordene innere Differenzierung der burggräflichen Herrschaft in einen Peniger und einen Rochsburger Teil verfestigte sich folgenreich durch die Teilung des Jahres 1436, die von einem Schiedsgericht unter Vorsitz des älteren Burggrafen Albrechts II. ausgehandelt wurde. Burggraf Otto II. übernahm nun die Herrschaft Penig zu alleiniger Regierung, sein jüngerer Bruder Albrecht III. die Herrschaft Rochsburg. Aus dem Teilungsprotokoll lassen sich die territorialen Verhältnisse klar fassen: Zum Peniger Bezirk gehörten Stadt und Schloß Penig, Langenleuba, Meusdorf, Markersdorf, Jahnshain, Wernsdorf, Obergräfenhain, Ober- und Niedersteinbach, Mühlau, Zinnberg, Tauscha, Nieder- und Mittelfrohna, Göppersdorf, Reitzenhain und Taura, dazu Wälder und Gewässer mit Jagd- und Fischereigerechtsamen sowie ein Lehnpferd zu Kaendler und zehn Vasallen. Der Rochsburger Bezirk setzte sich zusammen aus Rochsburg, Wittgensdorf, Burkersdorf, Hartmannsdorf, Mohsdorf, Heiersdorf, Arnsdorf, Chursdorf, Helsdorf, Dittmannsdorf, Ober- und Niederelsdorf, Lunzenau, Groß- und Kleinschlaisdorf, Göhren und Himmelhartha sowie nach einem Lehnbrief von 1448 auch Berthelsdorf, dazu wieder Wälder und Gewässer mit Jagd- und Fischereigerechtsamen sowie acht Vasallen.

Die wirtschaftliche Situation war in beiden burggräflichen Herrschaften ernst. Noch 1439 verkauften die Brüder gemeinsam zwanzig Monstranzen und weitere Kleinodien für 190 Gulden dem Kloster Altzelle. Doch konnte wenigstens die Lage im Peniger Teil stabilisiert werden. Dort blieb die Herrschaft der Leisniger Burggrafen bis zum Aussterben des Geschlechts 1538 unangefochten. Dagegen scheint Burggraf Albrecht III. zu Rochsburg von Beginn an mit größeren Schwierigkeiten konfrontiert gewesen zu sein. Die auf seinem Herrschaftsteil liegenden Schulden von beachtlichen 7 000 Gulden bewogen ihn schon kurz nach der Teilung, die Herrschaft seinem Vater Albrecht II. zu Mutzschen anzutragen. Noch vor dessen Tod im Jahre 1440 muß Rochsburg aber erneut an Albrecht III. gefallen sein, doch scheiterten die Versuche des jungen Albrecht, die finanzielle Situation zu stabilisieren, ganz offensichtlich. 1448 sah er sich gezwungen, die Herrschaft Rochsburg an Heinrich von Gera zu veräußern — eine endgültige Zäsur, denn von da an hat sich die Geschichte von Burg und Herrschaft Rochsburg außerhalb der burggräflichen Familienzusammenhänge vollzogen.

Bis zur Mitte des 15. Jahrhunderts war die Geschichte der Herrschaft Rochsburg über zwei Jahrhunderte hinweg in den Händen der Burggrafen von Altenburg und Leisnig durch eine bemerkenswerte Besitzerkontinuität geprägt gewesen. In den folgenden Jahrzehnten sollte sich dies ändern. Bereits dem ersten Neubesitzer Rochsburgs, Heinrich von Gera, war es nicht beschieden, die Herrschaft und die Burg länger in Händen zu halten.

Seit dem Vogtländischen Krieg zählten die einst reichsunmittelbaren Familien der ehemaligen Vögte von Weida, Gera und Plauen zu den Standesherren der wettinischen Lande, bewahrten dabei aber eine gewisse herrschaftliche Selbständigkeit. Im sächsischen Bruderkrieg, der zwischen 1446 und 1451 zwischen den wettinischen Brüdern Kurfürst Friedrich II. und Herzog Wilhelm III. mit zerstörerischer Gewalt entbrannte, schloß sich denn auch Heinrich von Gera als eigenständiger Fehdereiter der Koalition Kurfürst Friedrichs an. In der beiderseits mit wechselndem Erfolg geführten Auseinandersetzung – eine Abfolge kleiner und größerer Scharmützel und Räubereien – scheint Heinrich von Gera in der auf eigene Faust gegen Herzog Wilhelm III. und dessen Gefolgsleute geführten Fehde zunächst einige Beute eingebracht zu haben, die es ihm schließlich erlaubte, die Summe zum Ankauf Rochsburgs aufzubringen. Die Bestätigung des Rochsburger Lehnsherrn, des Kurfürsten Friedrich II., die über den Verkauf zum 12. März 1448 ausgestellt wurde, wird der Herr von Gera problemlos erhalten haben. Doch das Kriegsglück wendete sich. Bereits 1448 hatten die thüringischen Truppen und ihre Verbündeten Gera selbst belagert, die Stadt aber noch einmal verschont. 1450 jedoch nahm ein von Herzog Wilhelm III. geworbenes Aufgebot böhmischer Söldner die Stadt ein, plünderte sie völlig aus und brannte sie nieder. Neben dem späteren Prinzenräuber Kunz von Kaufungen geriet bei der verlustreichen Verteidigung auch Heinrich von Gera in böhmische Gefangenschaft. Beider Schicksale weisen in der Folge einige erstaunliche Gemeinsamkeiten auf, denn wie Kunz mußte sich auch Heinrich von Gera auf eigene Kosten aus den böhmischen Kerkern freikaufen. Die Geraer Besitzungen waren freilich weithin zerstört und verwüstet, und so mußte der gleichnamige jüngere Bruder Heinrichs die eben erst gewonnene Herrschaft Rochsburg verpfänden, um das Lösegeld aufzubringen. In Zschaslaw von Schönfeld auf Wachau bei Dresden fand der jüngere Heinrich von Gera endlich im September 1452 einen finanziell potenten Pfandnehmer. Der auf Wiederkauf nach fünf Jahren verabredete Vertrag schloß die ehrbare Mannschaft zu Rochsburg sowie den Höllteich bei Chursdorf und einen Forst bei Burgstädt nicht mit ein – auf diese Weise hoffte Heinrich von Gera, einen Weiterverkauf des Pfandes weniger lukrativ erscheinen zu lassen. Sollte es übrigens zu einem endgültigen Verkauf kommen, war Zschaslaw ein Vorkaufsrecht zugestanden worden. Der Pfandvertrag bedurfte freilich der Zustimmung des Lehnsherrn, Kurfürst Friedrichs II. Der Wettiner ratifizierte den Vertrag, jedoch ohne die einschränkenden Klauseln, und sicherte sich zudem selbst ein Vorkaufsrecht in Höhe der Pfandsumme, sollte die Herrschaft nach fünf Jahren vom Geraer nicht ausgelöst werden können.

Inzwischen war der ältere Heinrich von Gera in der entbehrungsreichen Gefangenschaft verstorben. Der jüngere Heinrich konnte nur noch einen Toten auslösen. In finanziell bedrohlicher Situation stellte Heinrich von Gera nun Schadensersatzforderungen an den Kurfürsten, die von Friedrich II. auf einen zeitlich lang gestreckten schiedsrichterlichen Weg gebracht wurden. Im September 1457 lief statt dessen die vereinbarte fünfjährige Pfandschaft ab. Heinrich von Gera konnte wie erwartet die Wiederkaufsumme nicht erbringen. So wandte sich Zschaslaw von Schönfeld bereits im Oktober 1457 an die kurfürstlichen Räte, und bereits im November 1457 setzten die Räte einen vorläufigen Kaufvertrag auf. Danach

sollte Zschaslaw bis zur endgültigen Erstattung der Pfandsumme durch den ebenfalls in Geld-
nöten steckenden Kurfürsten die Herrschaft Rochsburg als kurfürstlicher Vogt und Amtmann
innehaben und zu seinem Nutzen gebrauchen – übrigens ein bemerkenswerter Hinweis darauf, wie vielfältig und verschlungen die Wege von der mittelalterlichen Vogtei zum neuzeit-
lichen institutionalisierten Amt gewesen sind. Der Kurfürst bestätigte den Vertrag mit
Zschaslaw im Januar 1458 unter der Bedingung, daß Heinrich von Gera noch bis Pfingsten
desselben Jahres die Möglichkeit gegeben werden sollte, das Pfand selbst auszulösen – ein angesichts der finanziellen Bedrängnis des Geraers und des verschleppten Schiedsverfahrens nur
scheinbares Entgegenkommen, und natürlich konnte Heinrich von Gera auch zu diesem Ter-
min keine Auslöse aufbringen. Damit hatte sich der Rochsburger Besitz, den die Geraer letztlich nur vier Jahre wirklich in Händen hielten, für Heinrich den Jüngeren faktisch endgültig
erledigt. Alle in der Folge unternommenen, bis 1475 (!) nachweisbaren gerichtlichen Bemühungen, Rochsburg oder eine Entschädigung zu erlangen, blieben ohne Erfolg. Auch die vor
dem Feme- und dem Reichsgericht angestrengten Verfahren drangen gegen die reale Macht
des sächsischen Kurfürsten und seiner Nachfolger nicht durch.

Wie lange Zschaslaw von Schönfeld nach 1458 als Vogt und Amtmann zu Rochsburg
agierte, bleibt ungewiß. 1467 jedenfalls übernahm Graf Hans von Honstein die dortige Burg
und Herrschaft in kurfürstlichem Auftrag und ließ ein Inventar erstellen, das sich erhalten hat.
Danach lagerten auf der Burg zahlreiche Waffen: zwei Steinbüchsen, zwei Taraßbüchsen,
16 Hakenbüchsen, ein Zentner Blei, ½ Tonne Schwarzpulver, 1 920 geschäftete Pfeile und
etliche tausend ungeschäftete. Auch die Lebensmittelvorräte waren beachtlich: 210 eingesal-
zene Zinshühner, ½ Tonne Butter, 2 ½ Tonnen Käse, 18 Säcke Salz, 240 Scheffel Korn und
126 Scheffel Hafer, 20 Schock Stroh, 31 Schock Gerste, ein Scheffel Erbsen, sechs Seiten
Lende, neun Seiten Schweinefleisch, fünf Fuder Bier und 240 Lichter.

Obwohl Hans von Honstein die Rochsburg mit seiner Familie bezogen hatte, blieb ihm
nur ein flüchtiger Aufenthalt vergönnt. Schon kurze Zeit später mußte er sich gegenüber dem
wettinischen Obermarschall Hugold IV. von Schleinitz gegen Beschuldigungen rechtfertigen,
er hätte die Herrschaft entwertet. Als der Honsteiner 1469 abwesend war, setzte sich Kurfürst Ernst wieder in den unmittelbaren Besitz von Burg und Herrschaft. Mit der Einziehung
beauftragte Kurfürst Ernst keinen anderen als seinen Obermarschall Hugold IV. von Schleinitz – den nächsten und wohl prominentesten Besitzer Rochsburgs.

Hugold von Schleinitz

Der mächtige Obermarschall Hugold IV. von Schleinitz wurde vor 1435 als Sohn des
kursächsischen Rates Hugolds III. von Schleinitz und der Ilse Spiegel, ebenfalls aus
ratsfähigem sächsischem Geschlecht, geboren. Zu seinem Stammsitz Schleinitz bei
Lommatzsch erwarb er 1465 die Herrschaften Kriebstein mit Waldheim und Hartha,
1470 Rochsburg und 1486 Schluckenau in Böhmen. Von 1464 bis 1487 hatte er das
Amt eines Obermarschalls bei Kurfürst Ernst inne und war damit der einflußreichste
und mächtigste Rat. Neben der kursächsischen Außenpolitik oblagen ihm die Hofver-

waltung und die Finanzpolitik. Zudem kontrollierte Hugold das Monopol des Schneeberger Silberaufkaufs. 1467 nahm Hugold am Reichstag zu Nürnberg teil. Privat besaß er mehrere Anteile am Schneeberger Silberbergbau und verfügte über ein beträchtliches Vermögen. 1484/85 reagierte Hugold auf ehrenrührige Anschuldigungen des brandenburgischen Kurfürsten Johann mit der Drohung eines förmlichen Landkrieges gegen die Mark – deutliches Zeichen seiner Macht. Hugold von Schleinitz beriet Kurfürst Ernst bei der Vorbereitung der Leipziger Teilung und wurde dafür von der wettinfreundlichen Geschichtsschreibung zum treibenden Keil der Leipziger Teilung gemacht und mit dem Topos des „bösen Ratgebers" belegt. Nach 1485 fiel Hugold bei Herzog Albrecht in Ungnade. Nach Schlichtung der Streitigkeiten zum Jahre 1488 trat er noch einmal als herzoglich-sächsischer Gesandter auf, aber nicht mehr in seinem alten Amt als Obermarschall. Hugold IV. von Schleinitz starb 1490 auf Kriebstein. Er wurde in der St. Afrakirche in Meißen begraben, wo sich seine Grabplatte bis heute erhalten hat.

Hugold von Schleinitz war mit Elisabeth Pflug verheiratet, der Tochter des „eisernen" Nickel Pflug, die ihm fünf Söhne und zwei Töchter gebar. Beide Töchter konnte Hugold in einer prachtvollen Doppelhochzeit 1477 mit Heinrich von Starschädel und Götz von Ende, wichtigen kursächsischen Funktionsträgern, vermählen. Sein Sohn Heinrich erlangte unter Herzog Georg wieder das Amt eines Obermarschalls.

1470 verpfändeten die gemeinsam regierenden wettinischen Brüder, Kurfürst Ernst und Herzog Albrecht, Burg und Herrschaft Rochsburg für 4 000 Gulden an Hugold IV. von Schleinitz. Hugold hatte seit 1465 bereits die benachbarte Herrschaft und Burg Kriebstein inne und folglich ein ganz besonderes Interesse an Rochsburg. Sein Verhalten gegen Graf Hans von Honstein und sein Auftreten 1472 im Prozeß gegen den noch immer um Rochsburg prozessierenden Heinrich von Gera offenbaren, daß Hugold den Erwerb von Rochsburg ganz zielstrebig betrieben hat. Seine Stellung am Hof dürfte ihm dieses Vorhaben erheblich erleichtert haben. Hugold von Schleinitz war ein begabter Politiker. In seiner Funktion als Obermarschall war Hugold faktisch der mächtigste wettinische Funktionsträger überhaupt, und er besaß das uneingeschränkte Vertrauen des Kurfürsten Ernst. Sein Einfluß erstreckte sich funktional auf die zentralen Bereiche Hofhaltung und Finanzpolitik. Aufgrund dieser persönlichen Erfolge trat Hugold schon bald wie ein Standesherr und nicht mehr wie ein niederer Adliger auf – ein Verhalten, das auch im Ausbau von Kriebstein und Rochsburg sinnfällig werden sollte. An beiden Burgen verfolgte Hugold von Schleinitz ehrgeizige Umbauprojekte. Allein in Rochsburg dokumentieren die über die Bauarbeiten geführten Rechnungen aus den Jahren 1470 bis 1482 ein Volumen von 8 600 Gulden einschließlich der Arbeiten am Rittergut – mehr als das Doppelte der Pfandsumme für die ganze Herrschaft. Bei alledem blieb Hugold von Schleinitz in seinem Rochsburger Besitz durch eine mögliche Pfandeinlösung seitens der Wettiner bedroht. Hugold hat die Einlösung des Besitzes wohl befürchtet, weil sein Verhältnis zu Herzog Albrecht schon länger getrübt gewesen zu sein scheint. Aus diesem Grunde vor allem soll Hugold in seiner Stellung als Obermarschall darauf hingearbeitet haben, daß die Landesteile der Leipziger Teilung des Jahres 1485 so zugeschnitten und belastet würden, daß Herzog Albrecht unweigerlich Thüringen hätte wählen müssen. Wenn dies Hugolds Absicht gewesen war, ging sein Vorhaben nicht auf, denn Albrecht entschied sich für Meißen und wurde damit auch Landesherr über Rochsburg und Kriebstein.

Die Leipziger Teilung

Die Aufteilung einer Herrschaft unter den Söhnen war im Mittelalter üblich, um männliche Nachkommen angemessen, also standesgemäß, auszustatten. Seit dem 12. Jahrhundert haben Herrschaftsteilungen auch die Entwicklung der wettinischen Gebiete bestimmt. Die Landesteilungen zu Chemnitz 1382 und zu Altenburg 1445 blieben jedoch durch dynastische Zufälle nur Episoden. 1482 vereinten die gemeinsam regierenden Brüder Ernst und Albrecht somit noch einmal die Gesamtherrschaft in ihren Händen. Doch führten die zunehmenden Differenzen zwischen Ernst und Albrecht schon bald zu neuen Teilungsplänen, die in der Leipziger Teilung des Jahres 1485 verwirklicht wurden. Nach alter Tradition bestimmte der ältere Ernst die künftigen Landesteile, der jüngere Albrecht aber wählte aus. Um die fortdauernde Zusammengehörigkeit der wettinischen Lande zu demonstrieren, folgte die Teilung nicht den hergebrachten herrschaftlichen Einheiten, sondern schuf zwei eng miteinander verzahnte Gebiete. Die Einkommen aus den eben erst aufgetanen ertragreichen Silbergebieten im Westerzgebirge blieben sogar unter gemeinsamer Verwaltung. Der Kurkreis um Wittenberg stand dem älteren Kurfürsten Ernst zu und blieb von der Teilung ausgenommen. Der etwas höherwertig geschätzte östliche Landesteil wurde mit hohen Ausgleichszahlungen belastet. Dennoch wählte Herzog Albrecht dieses Gebiet. Die Leipziger Teilung erwies sich als dauerhaft. Ausgehend von den Brüdern Ernst und Albrecht regierten im thüringischen Teil seitdem die ernestinischen Kurfürsten, im meißnischen Teil die albertinischen Herzöge von Sachsen – bis unter Herzog Moritz zum Jahre 1547 die Kurwürde an die albertinische Linie gebracht werden konnte.

Die traditionelle Deutung, wonach Hugold von Schleinitz auf die Leipziger Teilung eingewirkt hat, um sich Rochsburg dauerhaft zu sichern, sollte kritisch hinterfragt werden. In der Bauakte zum Rochsburger Schloß heißt es, Hugold habe den Bau „mit wissen und willen" der sächsischen Landesfürsten durchgeführt. Demnach könnte das neu errichtete Schloß für Ernst und Albrecht bestimmt gewesen sein – und nicht für Hugold von Schleinitz, der lediglich als Organisator des Baugeschehens auftrat. Möglicherweise rechnete dieser mit einer baldigen Einlösung der Herrschaft und einer vollen Erstattung der von ihm verauslagten Kosten. Damit entfiele das Argument, Hugold habe die Landesteilung aus eigenem finanziellem Interesse betrieben.

Herzog Albrecht strebte kurz nach der Leipziger Teilung nicht unerwartet den Rückkauf von Rochsburg an. Zum Streitpunkt dabei geriet die finanzielle Bewertung der Rochsburger

Herzog Albrecht der Beherzte. Porträt eines
flämischen Meisters um 1494

Herrschaft und des Schlosses. Unter dem Einfluß seines Obermarschalls hatte Kurfürst Ernst Rochsburg zur Leipziger Teilung mit einem Pfandwert von 13 400 Gulden anschlagen lassen – eine realistische Summe, wenn man die Pfandhöhe von 4 000 Gulden, die Bauleistungen im Wert von 8 600 Gulden und eine daraus resultierende mäßige Wertsteigerung in Rechnung stellt. Herzog Albrecht, von den Ausgleichszahlungen der Leipziger Teilung belastet, forderte jedoch einen geringeren Rückkaufpreis, dem sich Hugold von Schleinitz zunächst verweigerte. 1488 mußte sich der bei Albrecht in Ungnade gefallene Hugold dem Spruch eines Schiedsgerichtes beugen, vor dem über den Rückkauf Rochsburgs wie auch über andere Anschuldigungen des Herzogs gegen den vormaligen Obermarschall verhandelt worden war. Der gefundene Kompromiß scheint dann auch für beide Seiten annehmbar gewesen zu sein. Die von Hugold von Schleinitz vorgenommenen Umbauten wurden durch die Schiedsrichter auf 4 000 Gulden veranschlagt, zu denen noch die 4 000 Gulden der Pfandsumme traten. Bereits zum 29. Juni 1488 erklärte Hugold, daß ihm Herzog Albrecht die fälligen 8 000 Gulden habe auszahlen lassen und er dem Wettiner darauf Schloß und Herrschaft Rochsburg überantwortet habe. Damit hielt Herzog Albrecht Rochsburg nun wieder unmittelbar in Händen. Hugold von Schleinitz starb 1490 auf seiner Burg Kriebstein.

Über einen Aufenthalt Herzog Albrechts zu Rochsburg ist freilich nichts überliefert. Zudem engagierte sich der Herzog fast unablässig im Reichsdienst außerhalb der wettinischen Lande. Als Hauptleute (Amtmänner) zu Rochsburg erscheinen statt dessen 1489 Jan von Auerswalde und 1503 Heinrich von Rastenberg, als Schösser 1494 Matthäus Nebeltau. Mit Nettoerträgen von durchschnittlich 653 Gulden zwischen 1490 und 1496 rangierte das nun entstandene Amt Rochsburg hinsichtlich der Einnahmen im oberen Mittelfeld der wettinischen Ämter und folgte beachtlich dicht auf die alten und wichtigen wettinischen Ämter Oschatz, Pirna und Weißensee. Die wirtschaftliche Potenz der vormaligen Herrschaft Rochsburg tritt dadurch noch einmal anschaulich hervor – allerdings blieb das Amt Rochsburg zu dieser Zeit von den Belastungen, die durch den Aufenthalt des fürstlichen Hofstaates entstanden und die die Ressourcen der Ämter drastisch verschlangen, weitgehend verschont. Mit den zugehörigen 18 Dörfern zählte Rochsburg allerdings zu den kleineren wettinischen Ämtern. Es befand sich in einer Reihe mit Schwarzenberg (16 Orte), Radeberg (17 Orte) oder Wolkenstein (16 Orte), war aber weit entfernt von den großen Ämtern des Landes wie Rochlitz mit 79 Orten oder gar Meißen mit 237 Orten.

Die nun in Aussicht stehende Entwicklung Rochsburgs zu einem neuzeitlich verfaßten wettinischen Amt innerhalb des wettinischen Staates erlitt im beginnenden 16. Jahrhundert allerdings unverhofft Abbruch. 1503 hatte ein Brand das Schloß bis auf die Außenmauern zerstört. Noch im selben Jahr vertauschte der nun regierende Herzog Georg Rochsburg an die Herren Heinrich und Götz von Ende, die ihm dafür ihre Burg Kriebstein überließen und zusätzlich noch 1 000 Gulden zum Ausgleich erhielten. Damit kehrte Rochsburg wieder in das Umfeld der Familie von Schleinitz zurück, denn der sächsische Rat Götz von Ende zu Kayna, Wolkenburg, Königsfeld und Lausnitz hatte 1477 Katharina von Schleinitz geheiratet. Er war der Schwiegersohn des verstorbenen Obermarschalls Hugold von Schleinitz.

Götz von Ende starb 1537, und sein Sohn Wolf von Ende verkaufte Rochsburg 1548 an die Herren von Schönburg, in deren Besitz es für Jahrhunderte verblieb. Damit sollten Schloß und Herrschaft Rochsburg von nun an als Teil der Schönburgischen Lehnsherrschaften eine eigenständige, vom wettinischen Staatswesen mehr oder weniger unabhängige Entwicklung nehmen.

„Ein alt Geschlecht von hohen Stam"
Die Herren und Grafen von Schönburg in Rochsburg

Matthias Donath

Februar 1547. In Sachsen herrscht Krieg. Kurfürst Johann Friedrich von Sachsen und die Truppen der evangelischen Reichsstände, zusammengeschlossen im Schmalkaldischen Bund, kämpfen gegen die kaiserlichen Truppen, die von Herzog Moritz von Sachsen unterstützt werden. Die Soldaten Johann Friedrichs ziehen von Rochlitz aus durch das Muldental. Am 7. Februar brennen sie Schloß Rochsburg nieder.

Was war geschehen? In den konfessionellen Auseinandersetzungen, die sich in der Mitte des 16. Jahrhunderts zuspitzten, hatte sich Herzog Moritz von Sachsen auf die Seite des katholischen Kaisers gestellt, während sein Vetter Johann Friedrich aus dem ernestinischen Familienzweig für die Belange der evangelischen Reichsstände stritt. Das Rochsburger Schloß gehörte dem Ritter Wolf von Ende. Dieser war ein enger Berater von Herzog Moritz. Es wundert also nicht, daß die Truppen des Kurfürsten Johann Friedrich nach Rochsburg zogen, um den feindlichen Stützpunkt zu zerstören. Für Wolf von Ende war der Ausgang des Schmalkaldischen Krieges tragisch: Zwar hatte Herzog Moritz, sein Landesherr, gesiegt. Johann Friedrich war in der Schlacht von Mühlberg gefangengenommen worden, und der Kaiser hatte Moritz die sächsische Kurwürde verliehen. Doch die Verluste, die Wolf von Ende im Krieg erlitten hatte, wurden ihm nicht ersetzt. Der prestigeträchtige Herrschaftssitz hoch über der Mulde war zerstört. Er sah sich gezwungen, die Herrschaft Rochsburg zu verkaufen, und zog als Statthalter des Naumburger Bischofs Julius Pflug nach Zeitz. 1555 wurde er im Dom zu Zeitz beigesetzt.

Wolf von Ende veräußerte die Herrschaft Rochsburg mit dem Rittergut Wittgensdorf am 26. Januar 1548 für 55 000 Gulden an die drei Brüder Georg I., Hugo I. und Wolf II. von Schönburg. Die ausgebrannten Schloßflügel wurden in den folgenden Jahren sogleich wieder aufgebaut. An die Ereignisse erinnert eine Inschriftentafel aus Hilbersdorfer Porphyrtuff, die in der Schloßkapelle gezeigt wird, früher aber wohl im Schloßhof angebracht war. Der sechszehnzeilige Text in Renaissance-Kapitalisschrift wird von zwei nackten Putten eingerahmt. Die teilweise verwitterte Inschrift lautet:

ANNO D(OMI)NI • M • D • XLVII • MONTAG NACH | DOROTHE[E] • IST BEI HER WOL[FF]EN | VOM ENDE • RI[TT]ER • IN DEMSELBIG|EN GEWESEN KRIGK • ZWISCHEN DEN | FVRSTEN VON SACHSEN • DIS SCH[L]OS | IN GRVNT AUSGEBRENT • DO ES AB[ER] | DIE HERRN VON SCHONBVRGKEN • ER| KAV[FFT] SO [HA]BEN SIE • DASSELBIGE | NACH[F]OLGEN[DE]S [IA]ERS IM XLVIII | [Z]W BAWEN ANGEFANGEN • VND AL|SO DENSELBIGEN PAW • BIS AUFF DAS | XLIX • VND LECZLICH • IN • L • IARE | GAR VOLEN-DET • GOT DER ALMECH|TIGE • GEBE FVRDERZW DEM HAV|SE • SEINEN SEGEN VND FRIDE •|• AMEN •

Die edelfreie Familie der Herren von Schönburg war seit dem 12. Jahrhundert in Sachsen ansässig. Ihr Stammsitz war vermutlich die Schönburg bei Naumburg an der Saale. Mit der Besiedlung des Landes östlich der Saale kamen die Schönburger um die Mitte des 12. Jahrhunderts an die Zwickauer Mulde, wo sie in Geringswalde ihr Hauskloster und um 1170/80 die Burg Glauchau, ihren späteren Hauptsitz, gründeten. Zur Herrschaft Glauchau kam um 1200 die Herrschaft Lichtenstein dazu. Dieser Besitz wurde um 1300 auf das Gebiet um Meerane ausgedehnt. Nach dem Aussterben der Herren von Waldenburg 1375 erwarben die Schönburger die gleichnamige reichsunmittelbare Herrschaft. 1406 nahm Veit I. von Schönburg die Grafschaft Hartenstein im oberen Erzgebirge in Besitz. Die Herrschaften Glauchau, Lichtenstein und Waldenburg und die Grafschaft Hartenstein waren reichsunmittelbare Territorien. Als Reichsafterlehen – so der juristische Begriff – wurden sie durch den König von Böhmen den Herren von Schönburg zu Lehen aufgetragen. Die Schönburger übten in ihren Herrschaften die ungeteilte Landesherrschaft aus. Die Wettiner konnten hier keine Herrschaftsrechte beanspruchen. Das hinderte die Herzöge und Kurfürsten von Sachsen aber nicht daran, immer wieder zu versuchen, landesherrliche Befugnisse in den Schönburgischen Herrschaften an sich zu ziehen. Ihr Ziel bestand darin, die kleineren Herrschaftsträger auszuschalten und die reichsunmittelbaren Gebiete ihrer Landesherrschaft zu unterwerfen. Mit der Burggrafschaft Leisnig und der Herrschaft Colditz war ihnen das bereits gelungen. Die Schönburger hingegen strebten danach, ihren Herrschaftskomplex an der Zwickauer Mulde zu

Schloß Rochsburg. Inschriftentafel von 1550

vergrößern und weitere Gebiete zu erwerben. Im frühen 14. Jahrhundert konnten sie Grundbesitz in Nordböhmen erwerben, wo sie die Burgen Schönburg und Neuschönburg gründeten. 1523 gelang es ihnen, Lohmen und Wehlen im Elbsandsteingebirge in Besitz zu nehmen. Es folgte 1525 das nahegelegene Amt Hohnstein, das damals noch unter böhmischer Lehnshoheit stand.

1543 kam es zu einem für beide Seiten vorteilhaften Gebietstausch: Die Brüder Georg I., Hugo I. und Wolf II. von Schönburg verzichteten auf Hohnstein, Wehlen und Lohmen. Die Orte im Elbsandsteingebirge gingen in wettinischen Besitz über. Herzog Moritz von Sachsen gab ihnen dafür die Klöster Zschillen und Remse sowie die Herrschaft Penig. Diese drei Herrschaften lagen an der Zwickauer Mulde nördlich von Waldenburg, so daß der Gebietstausch das muldenländische Herrschaftsgebiet der Schönburger erweiterte. Herzog Moritz hatte die zu vertauschenden Gebiete erst kurz zuvor in Besitz genommen. Das Deutschordenshaus Zschillen und das Augustiner-Chorherrenstift Remse waren mit der Einführung der Reformation aufgelöst worden, während Penig nach dem Aussterben der Burggrafen von Leisnig 1538 an Herzog Moritz gefallen war. Zschillen wurde infolge des Gebietstauschs in Wechselburg umbenannt.

Als Wolf von Ende nach dem Schmalkaldischen Krieg die Herrschaft Rochsburg zum Kauf anbot, griffen die Schönburger sofort zu, um ihr muldenländisches Gebiet weiter abzurunden. Die Herrschaft Rochsburg schloß die Lücke zwischen Penig und Wechselburg. Mit dem Erwerb Rochsburgs entstand eine geschlossenes Herrschaftsgebiet an der Zwickauer Mulde, das nur in Wolkenburg unterbrochen war. Die neu hinzugewonnenen Gebiete unterschieden sich in rechtlicher Hinsicht von den reichsunmittelbaren Herrschaften Glauchau, Lichtenstein und Waldenburg. Die Schönburger konnten in Remse, Penig, Rochsburg und Wechselburg keine landesherrlichen Befugnisse beanspruchen. Die Oberhoheit und Lehnsherrschaft lag beim Kurfürsten von Sachen. Bei allen Besitzerwechseln mußte dieser die Belehnung erneuern. Die Herren von Schönburg hatten in Rochsburg lediglich grundherrliche Rechte inne.

1556 teilten die drei Brüder, die bisher gemeinsam regiert hatten, ihren Besitz auf. Georg I. erhielt Glauchau, doch sein Familienzweig starb 1610 aus. Hugo I. bekam Waldenburg, Lichtenstein und Hartenstein zugesprochen. Er gründete die Hauptlinie Schönburg-Waldenburg, aus der die noch heute bestehenden fürstlichen Familienzweige Schönburg-Waldenburg und Schönburg-Hartenstein hervorgegangen sind. Wolf II., der jüngste der drei Brüder, erhielt die Lehnsherrschaften Penig, Rochsburg und Wechselburg. Er begründete die Hauptlinie Schönburg-Penig, die später in Schönburg-Glauchau umbenannt wurde, nachdem sein Sohn Wolf III. die Herrschaft Glauchau geerbt hatte. Die Herrschaftstitel und -rechte wurden nicht geteilt, sondern verblieben beim Gesamthaus Schönburg. Alle Angehörigen des Gesamthauses waren Herren zu Glauchau und Waldenburg, unabhängig davon, ob sie Anteile an diesen Gebieten hatten oder nicht. Die gemeinschaftlichen Rechte und alle Angelegenheiten, die das Haus Schönburg als Reichsstand betrafen, wurden von der Schönburgischen Gesamtregierung in Glauchau wahrgenommen und verwaltet.

Das Wappen des Fürstlichen und Gräflichen Gesamthauses Schönburg

Das Wappen der Herren von Schönburg ist erstmals 1233 auf einem Siegel dokumentiert. Es ist in Rot und Silber dreimal rechtsschräg geteilt. Die heraldische Farbe Silber wird meist weiß dargestellt. Die Hausfarben sind Rot und Weiß. Das Wappen war ursprünglich mit einem Helm versehen. Dieser Helm war mit Adlerflügeln verziert, die ebenfalls in Rot und Silber dreimal diagonal geteilt waren.

Kaiser Leopold erhob die Herren von Schönburg am 7. August 1700 in den Reichsgrafenstand. Dies wurde durch eine Grafenkrone über dem Wappen verdeutlicht. Als Grafen des Heiligen Römischen Reiches und Inhaber reichsunmittelbarer Herrschaften war es den Schönburgern gestattet, ihr Wappen auf den kaiserlichen Doppeladler zu legen.

Otto Karl Friedrich Graf von Schönburg-Waldenburg wurde am 9. Oktober 1790 durch Kaiser Joseph II. in den Reichsfürstenstand erhoben. Dadurch änderte sich das Wappen abermals. Helm und Grafenkrone wurden durch einen Fürstenhut ersetzt. Meist wird das Wappen vor einem Hermelinmantel dargestellt. Die Standeserhöhung galt nur für die Linien Schönburg-Waldenburg und Schönburg-Hartenstein, während die Linien Schönburg-Hinterglauchau und Schönburg-Forderglauchau im Grafenstand verblieben. Doch gemäß einer Übereinkunft des Gesamthauses hat auch die gräfliche Linie das fürstliche Wappen mit dem hermelingeschmückten Fürstenhut übernommen.

Schönburgisches Wappen im Lusthaus des Schlosses Rochsburg

Wolf II. war ein energischer und tatkräftiger Mann. Er hatte sich bereits im Alter von fünf-zehn Jahren militärisch hervorgetan, als er im Schmalkaldischen Krieg an einem Überfall auf Albrecht von Brandenburg teilnahm. Daraufhin hatte man ihn in Rochlitz gefangenge-setzt. 1549 nahm er am Feldzug des Kurfürsten Moritz gegen die Ungarn teil, und 1550 zog er mit dem sächsischen Heer gegen Magdeburg. Als Kurfürst Moritz am 9. Juli 1553 in der Schlacht von Sievershausen tödlich verwundet wurde, waren Wolf II. und sein älterer Bruder Hugo I. zugegen. Sie begleiteten den Leichnam nach Freiberg zur Beisetzung.

Als 1556 der Schönburgische Besitz geteilt wurde, war Wolf II. von Schönburg vierund-zwanzig Jahre alt. Obwohl das neuerworbene Schloß Rochsburg gerade wiederhergestellt war, wählte er Penig zu seinem Wohnsitz. Aber auch in Rochsburg weilte er oft. Es gelang ihm, die Herrschaft durch Zukäufe zu vergrößern. 1564 kaufte er das Rittergut Schlaisdorf und 1580 das Rittergut Berthelsdorf.

1542 führten die Herren von Schönburg in Glauchau und Waldenburg die Reformation ein, nachdem sie zum lutherischen Bekenntnis übergetreten waren. Wolf II. war ein Anhän-ger des radikalen Lutheraners Matthias Flacius, der an der Universität Jena lehrte und die Glaubenslehren Martin Luthers kompromißlos verteidigte. Das brachte ihn in Konflikt mit Kurfürst August von Sachsen, der sich gegen Matthias Flacius und für die theologischen An-sichten Philipp Melanchthons und seiner Schüler ausgesprochen hatte. Die sogenannten Philippisten, die in Wittenberg und Leipzig lehrten, nahmen eine weniger radikale Position ein. Im albertinischen Sachsen wurden Pfarrer, die sich als Anhänger des Matthias Flacius be-kannten, inhaftiert und ausgewiesen, während Wolf II. von Schönburg in seinem Gebiet fla-cianische Pfarrer und Lehrer beschäftigte. Penig war unter seiner Herrschaft eine Hochburg des strenggläubigen Luthertums. Wolf II. und sein Bruder Hugo I. gründeten 1566 in Geringswalde eine Schönburgische Landesschule, die nach dem Vorbild der sächsischen Fürstenschulen organisiert war und von einem flacianisch gesinnten Rektor geleitet wurde. Der kirchenpolitische Konflikt eskalierte, als Kurfürst August die Entlassung der flacianischen Geistlichen der Ephorie Penig durchsetzte. Nachdem Wolf II. seinen Protest vorgebracht und die Annahme der vom Kurfürst vorgeschlagenen Nachfolgekandidaten verweigert hatte, wurde er am 14. März 1567 verhaftet und in Dresden eingekerkert. Da Rochsburg, Wechsel-burg und Penig sächsische Lehen waren und der Kurfürst als Landesherr die Aufsicht über das Kirchenwesen wahrnahm, hatte er das Recht dazu. Doch Kurfürst August griff vor allem des-wegen so hart durch, um die Herren von Schönburg, die sich in Glauchau und Waldenburg nicht der sächsischen Herrschaft unterordnen wollten, zu maßregeln. Wolf II. sah sich unter den harten Haftbedingungen gezwungen, seine bisherigen theologischen Ansichten zu wider-rufen, und nachdem er das getan hatte, kam er am 17. Oktober 1567 aus dem Gefängnis frei. Die Landesschule in Geringswalde mußte geschlossen werden.

Wolf II., der bis an sein Lebensende ein strenggläubiger Lutheraner blieb, zog sich nach seiner Haftentlassung aus dem öffentlichen Leben zurück. Er verlegte seinen Hof 1568 von Penig nach Rochsburg, wo er für sich und seine Familien einen eigenen Schloßprediger an-stellte. Der Streit erledigte sich, weil Kurfürst August 1573/74 selbst zur streng lutherischen Richtung zurückkehrte.

Das Grabmal Wolfs II. von Schönburg in der Dorfkirche zu Rochsburg

Wolf II. wurde 1581 neben seiner 1568 verstorbenen ersten Ehefrau im Chor der Rochsburger Dorfkirche begraben. Wolf III. ließ über der Grabstätte seiner Eltern ein monumentales Hochgrab in Renaissanceformen errichten, das den Herrschaftsanspruch seines Hauses zum Ausdruck bringt. Das Freigrab besteht aus einem blockartigen Unterbau, der 1895 größtenteils erneuert wurde, und einer gestuften Deckplatte mit den lebensgroßen farbig bemalten Sandsteinfiguren von Anna und Wolf von Schönburg. Das Ehepaar betet kniend zu Gott. Die Ehefrau hält ein Gebetbuch in ihren Händen, in dem sie zu lesen scheint, während der in einen Harnisch gekleidete Ehemann seine Hände vor der Brust betend erhoben hat. Sein Helm ruht auf der Deckplatte. Die beiden Wappenschilde – links das der Schenken von Landsberg und recht das der Herren von Schönburg – weisen auf die adlige Abstammung des Ehepaares hin. Das Hochgrab stand ursprünglich in der Mitte des Chores. Anna und Wolf von Schönburg blickten nach Osten, so daß ihr Gebet auf den Altar gerichtet war.

Das selbstbewußte Grabdenkmal – das einzige nichtfürstliche Freigrab dieser Art in Sachsen – nimmt Bezug auf das 1563 errichtete Hochgrab des Kurfürsten Moritz im Freiberger Dom. Indem Wolf II. ein aufwendig gestaltetes Hochgrab erhielt, das an große fürstliche Bestattungen erinnert, wollten die Schönburger ihrer Rang als reichsunmittelbare Landesherren demonstrieren. Die beteiligten Bildhauer kamen aus Freiberg: Wolf III. von Schönburg vergab den Auftrag an die Werkstatt des Andreas Lorentz, der 1576 en Altar in der Rochsburger Schloßkapelle gefertigt hatte. Andreas Lorentz führte die Bildhauerarbeiten gemeinsam mit seinen Söhnen Samuel und Uriel Lorentz aus.

Im 18. oder 19. Jahrhundert wurde das Hochgrab an die Nordwand des Chores versetzt und dabei gedreht, so daß Anna und Wolf von Schönburg heute nicht mehr auf den Altar, sondern auf die gegenüberliegende Herrschaftsempore blicken. Richard Clemens Graf von Schönburg-Hinterglauchau ließ 1895 das Grab seiner Vorfahren erneuern. Bei dieser Umgestaltung erhielt es einen neuen Unterbau aus Marmortafeln, bronzenen Reliefplatten und feingliedrigen Terrakottaarbeiten.

An den Wänden des Chores sind vier Sandsteinplatten angebracht. Diese enthalten deutsche und lateinische Inschriften. Die Inschriftentafeln für Anna von Schönburg wurden bald nach 1568 angefertigt, die beiden anderen Inschriftentafeln stiftete Wolf III. von Schönburg nach 1581 zum Andenken an seinen Vater. Die deutsche Grabinschrift rühmt in gereimten Versen das gottgefällige Leben des Adligen, lobt seinen festen Glauben an Jesus Christus und betont, wie sehr der Sohn dem verstorbenen Vater gleicht:

EIN ALT GESCHLECHT VON HOHEN STAM • | IN MEISSEN WOHNT GANTZ LOBE-SAM | WELCHS SEINER VORFAHREN WIRD VND EHR | MIT ALLER TVGENT NACH SCHLEGT SEHR • | IN GROSSEN ANSEHN IST ES ZWAR • | DOCH • FROM, GOTFVRCHTIG IMMERDAR | MILD • GVTTHÄTIG OHNE MAS • | DAS HAVS VON SCHONBVRGK NENT MAN DAS • | AVS DEM STAM VND HOHEM GESCHLECHT • |

HERR WOLFF VON SCHONBVRGK FROM, GERECHT • |NEBEN SEIN GEMAHL HIE RVHT VND SCHLEFT • | VND GLEICH AVFS NEV IHR BEIGELEGT • | HAT IEMAND GERECHTIGKEIT LIEB • | TREWE VND GLAVBEN FÖRDERT VND VBT • | SO WARS HERR WOLFF AVCH • DER OHN SCHEV • | GANTZ STEIFF HIELT • RECHT • GLAV-BE VND TREV | THET GEN SEIN LEVTEN NICHT ALS HERR • | SONDERN ALS WAN ER VATER WEHR • | DOCH HAT ER SICH DES NIE GETRÖST | DAS ER DRVMB WVRDT VOM TODT ERLÖST | SONDERN DVRCH CHRISTI TOD VND PEIN | SELIG ZV WERDEN GEGLEVBT ALLEIN | GERICHT ZWAR VND GERECHTIGKEIT | DIE ER SO VBT ZV ALLER ZEIDT • | DAS WOHL GEFIEL MENSCHEN VND GOTT • | BECLA-GEN SCHMERTZLICH SEINEN TODT • | GOTTSELIGKEIT ABER HIEBEY | SAGT DAS IHM BAS IM HIMMEL SEY | SEIN SOHN DES NHAMENS GLEICHES STAM | DAS ER NICHT SEI GEWESEN GRAM | DEM HERRN VATER • WIRDT GESPVRT | IN DEM DAS ER SCHÖN SCHMVCKT V(N)D ZIERD | SEIN RVHESTADT VND SCHLAFFKEMMER-LEIN | DRVMB ER GEWIS MVS DER HOFFNVNG SEIN | ER WIERD SEIN VATER • WIEDER ZWAR | DORT SEHEN • SONST WERS VERGEBENS GAR | VND WEIL ER NICHT MIT NAM ALLEIN | SEINEM HERRN VATER GLEICH THVT SEIN | SONDERN MIT ALLER TVGENT EBEN | IM GAR NACHSCHLEGT IN THVN VND LEBEN | SO DEVCHT SEINE LIEBE VNDER THAN • | WIE SIE DEN ALTEN HERRN NOCH HAN | DO ER NOCH RVHET ZVGEDECKT | BIS CHRISTVS IHN WIEDER ERWECKT •

Dorfkirche in Rochsburg. Freigrab für Wolf II. von Schönburg und seine Ehefrau Anna

Wolf II. von Schönburg war mit Anna Schenk von Landsberg verheiratet. Zusammen hatten sie sieben Kinder. Nachdem Anna am 13. September 1568 in Rochsburg verstorben war, schloß Wolf II. eine zweite Ehe mit der aus einem alten österreichischen Geschlecht stammenden Johanna Stein von Schwarzenau. Während der Hochzeit seines Sohnes Wolfs III., die am 28. August 1581 in Rochsburg gefeiert wurde, erkrankte Wolf II. an der Pest. Er starb am 8. September 1581 und wurde in der Rochsburger Dorfkirche beigesetzt.

Die Herrschaft erbte der 1556 geborene Wolf III. von Schönburg. Der junge Adlige erhielt eine gediegene Ausbildung. In Adelskreisen war es Mode geworden, durch Europa zu reisen und die fürstlichen Höfen zu besuchen, und auch Wolf III. ging auf Reisen. Er studierte zunächst an der Universität Jena, dann in Straßburg, und reiste 1574 mit Herzog Otto Heinrich von Braunschweig-Lüneburg nach Genf, um dann 1576 über Besançon nach Straßburg zurückzukehren. Nachdem ihm sein Vater weitere Reisemittel bewilligt hatte, brach er zu einer Italienreise auf, die er aber nahe Mailand wegen der dort grassierenden Pest abbrechen mußte. Er ging zurück in die Schweiz und wollte von dort nach England aufbrechen, doch sein Vater rief ihn 1577 nach Rochsburg zurück. 1580 brach er zu einer zweiten Italienreise auf, die ihn nach Neapel und Malta führte. Auf dem Rückweg besuchte er Frankreich. Wolf III. bekam 1581 das Rochsburger Schloß als Wohnsitz zugesprochen. Nach dem Brand im August 1582, der eine tiefgreifende Erneuerung der Rochsburg nötig machte, wohnte der Adlige in Penig und dann in Wechselburg. 1583 bestimmte er Penig zu seiner Hauptresidenz. Wolf III. hatte enge Beziehungen zu den albertinischen und ernestinischen Wettinern. Herzog Friedrich Wilhelm der Mittlere von Sachsen-Weimar und Kurfürst Christian I. von Sachsen besuchten ihn in Penig. Im Dienst des Kurfürsten führte der Adlige diplomatische und politische Missionen aus: 1596 reiste er als sächsischer Gesandter nach Kopenhagen, um der Krönung des dänischen Königs Christians IV. beizuwohnen. 1606 war er während der Abwesenheit des Kurfürsten Statthalter in Dresden und 1609 empfing er in Naumburg die Herzöge Johann Casimir und Johann Ernst von Sachsen-Coburg, die er nach Dresden zu geleiten hatte. 1610 begleitete er Kurfürst Christian II. nach Prag, wo dieser das Lehen über die Herzogtümer Jülich, Kleve und Berg empfing.

Wolf III. war zweimal verheiratet, zuerst mit Elisabeth von Tschernembl und dann mit Anna Barbara Reuß, und hatte aus beiden Ehen achtzehn Kinder. Dieser Kinderreichtum führte zu einer starken Zersplitterung des Besitzes, denn alle seine Nachkommen mußten mit standesgemäßem Vermögen ausgestattet werden. Der älteste Sohn Wolf Ernst gründete die Linie Schönburg-Hinterglauchau, die 1900 aussterben sollte, während auf den jüngsten Sohn Wolf Heinrich die heute noch bestehende Linie Schönburg-Forderglauchau zurückgeht.

Wolf III. von Schönburg starb am 17. August 1612. Er wurde in der Stadtkirche in Penig beigesetzt. Rochsburg fiel an seine Söhne, die sich jedoch nicht auf eine einvernehmliche Besitzverteilung einigen konnten. Im Streit tötete Wolf Ernst von Schönburg am 28. November 1617 im hinteren Schloß zu Glauchau seinen jüngeren Bruder Otto Wilhelm. Nachdem Wolf Ernst geflohen war, entschieden sich die Brüder zu einer Aufteilung des Erbes. Schloß Rochsburg wurde Johann Georg von Schönburg überlassen. An den Schloßbesitzer erinnert ein Wappenrelief am Lusthaus mit dem Monogramm **H G H V Ṣ**. Es steht für Hans Georg,

Herr von Schönburg. In der Belehnungsurkunde, die 1620 von Kurfürst Johann Georg I. ausgestellt wurde, sind außer ihm auch seine Brüder Wolf Ernst, Hans Heinrich, Hans Caspar, August Siegfried, Christian und Wolf Heinrich aufgeführt.

Der Begabteste der Brüder war der 1598 geborene Christian von Schönburg. Er hatte in Jena und Leipzig studiert und dort philosophische, juristische und theologische Vorlesungen gehört. 1621 trat er als Fähnrich in das kursächsische Regiment des Herzogs Franz Albert von Sachsen-Lauenburg ein. Er nahm an Schlachten und Belagerungen des Dreißigjährigen Krieges teil, gab aber 1625 seine militärische Karriere auf, um mit seinem Bruder August Siegfried und dem Vetter Friedrich nach Jerusalem zu reisen. In Italien trennte er sich von seinen Reisegefährten. Er fuhr mit dem Schiff über das Mittelmeer und besuchte Malta, Bosnien, Serbien, Griechenland und Konstantinopel, wo ihm Eintritt ins Serail des türkischen Sultans gewährt wurde. Über das Schwarze Meer gelangte er ins hintere Kleinasien. Auf der Rückreise durchquerte er Mazedonien, Albanien und Dalmatien. 1627 kehrte Christian von Schönburg in seine Heimat zurück. Er hatte sich 1619 mit Agnes, der Tochter Hugos I. von Schönburg, verlobt, doch die Hochzeit fand erst 1632 statt. Beide hatten sie sieben Töchter, aber nur einen Sohn, der jung verstarb. Aus seiner zweiten Ehe

Schloß Rochsburg. Gemälde eines Wildschweins: „Anno 1608 erlegte Herr Graf Wolf von Schönburgk Rochsburgk Solch Schwein auf dem Hausberge welches gewogen 5. Cent. 75 lb., ist ohn Rücken fest gewesen als dis mas_und off der brust_auch 3¾ eln 1 zol langk, 3¾ eln dick, 2¼ eln hoch."

Christian Ernst, Herr von Schönburg, seit 1700 Reichsgraf. Gemälde um 1710

mit Agnes Elisabeth Reuß gingen keine Kinder hervor. 1637 kaufte Christian von seinem kinderlosen Bruder Hans Georg für 60 000 Gulden die Herrschaft Rochsburg. Der Schätzpreis lag ursprünglich höher, bei 102 581 Gulden, aber Christian konnte ihn deutlich herunterhandeln. Dabei wies er auf den schlechten Bauzustand des Schlosses hin, das 1632 von durchziehenden kaiserlichen Truppen verwüstet worden war. Die dramatische Beschreibung war wohl etwas übertrieben, denn Christian von Schönburg mußte nicht sonderlich viel Geld ausgeben, um den Herrschaftssitz wieder bewohnbar zu machen. Seit dem Dreißigjährigen Krieg ist das Schloß nicht mehr von Feindeshand bedroht oder verwüstet worden.

Christian von Schönburg liebte die Gartenkunst. Er stellte 1631 den Gärtner Andreas Hardt ein, der außerhalb der Schloßanlage einen Renaissance-Garten gestaltete. Das 1574 erbaute Lusthaus wurde in diesen Garten einbezogen und mit Heckengängen umgeben. Die Hecken umschlossen streng symmetrisch angelegte Blumenparterres, die wiederum durch Buchsbaumpflanzungen unterteilt wurden. 1648 veröffentlichte Andreas Hardt ein umfangreiches Buch zur Gartenkunst, wobei er unter dem Titel „Geist- und weltlicher Garten-Baw" den Garten, seine Ausstattung und Pflege mit Aussagen der Bibel verglich. Alles, was mit dem Garten zu tun hat, von den Pflanzen bis zu den Werkzeugen des Gärtners, erhielt eine theologische Deutung. Die teilweise skurrilen Vergleiche und Erklärungen spiegeln das religiöse Empfinden dieser Zeit, sind aber für uns kaum noch verständlich. So vergleicht der Hofgärtner den Ratschluß Gottes, den Menschen zu erschaffen, mit dem

Bau eines Lusthauses im Garten: „Als der Erste Gärtner GOTT der Allmächtige hatte den Erden-Garten gebawet / und allerley Bäume / Graß und Kraut darinne wachsen / da dauchte Ihn doch / daß das beste noch drinnen fehlete / als nemblich ein schönes / wohl gestaffirtes Lusthaus / daran die heilige Gottheit köne ihr Lust und Beliebung sehen; Ist deswegen die heilige Dreyfaltigkeit zu Rathe gangen / und in ihrem [...] Rathschluß beschlossen / in den gebaweten Erden-Garten ein Lusthäußlein als den Menschen zu bawen".

Christian von Schönburg starb am 18. August 1664. Er wurde in der Rochsburger Dorfkirche beigesetzt. Da er keine überlebenden Söhne hatte, fiel die Herrschaft Rochsburg an seinen Neffen Gottfried Ernst aus der Linie Schönburg-Hinterglauchau. Dieser starb 1679 und hinterließ zwei Söhne, Christian Ernst und August Ernst, die 1689 ihren Besitz teilten. Rochsburg kam an August Ernst von Schönburg-Hinterglauchau, der zusammen mit seinen Verwandten in Waldenburg, Wechselburg und Penig am 7. August 1700 von Kaiser Leopold in den Reichsgrafenstand erhoben wurde. Die Rangerhöhung mehrte den Ruhm des Hauses Schönburg, täuschte aber darüber hinweg, daß die Schönburger gegenüber den Kurfürsten von Sachsen immer mehr in Bedrängnis geraten waren.

Rezeßherrschaften und Lehnsherrschaften

Die Schönburgischen Herrschaften zerfielen in zwei in rechtlicher Hinsicht verschiedene Besitzanteile. Rochsburg, Wechselburg, Penig und Remse waren Schönburgische Lehnsherrschaften. Der sächsische Kurfürst hatte diese Gebiete den Schönburgern zu Lehen gegeben. Das Lehnsverhältnis wurde bei jedem Besitzerwechsel erneuert. Es galt sächsisches Recht. Die Landesherrschaft übte der sächsische Kurfürst aus.

Anders sah es in den Herrschaften Glauchau, Waldenburg, Lichtenstein und in der Grafschaft Hartenstein aus. Die Gebiete waren reichsunmittelbar, daß heißt hinsichtlich der Lehnsherrlichkeit nur dem Reich und dem Kaiser unterworfen, nicht aber dem sächsischen Kurfürsten. Die Lehnshoheit war frühzeitig auf den König von Böhmen übergegangen. Die Schönburger hatten in diesen Gebieten alle landesherrlichen Befugnisse und Rechte inne. Die Wettiner versuchten seit dem 16. Jahrhundert, ihre Oberhoheit auch auf diese, seit 1559 vollständig von sächsischem Gebiet umschlossenen Herrschaften auszudehnen. Das in den Reichsgrafenstand erhobene Haus Schönburg sah sich schließlich am 7. Mai 1740 gezwungen, zwei Rezesse (Vereinbarungen) mit Kursachsen abzuschließen. Mit diesen Verträgen wurden die Herrschaften Glauchau, Waldenburg, Lichtenstein, Stein und die niedere Grafschaft Hartenstein unter die Oberbotmäßigkeit des sächsischen Kurfürsten gestellt. Die Schönburger verzichteten auf ihre Landeshoheit, konnten aber weiterhin weitgehende Sonderrechte beanspruchen. Die Besitzungen wurden seitdem als Schönburgische Rezeßherrschaften bezeichnet. Die Rezeßherrschaften wurden durch eine Gesamtregierung in Glauchau verwaltet.

Die sächsische Verfassung von 1831 legte die Einheit des sächsischen Staates fest. Die Sonderrechte, die dem Haus Schönburg eingeräumt waren, widersprachen diesem

Grundsatz. Am 9. Oktober 1835 wurde daher der sogenannte Erläuterungsrezeß abge-
schlossen, in dem das Haus Schönburg auf zahlreiche Rechte verzichtete und die Steuer-
erhebung dem Königreich Sachsen übertrug. Aus der Gesamtregierung in Glauchau
wurde die Fürstliche und Gräfliche Schönburgische Gesamtkanzlei gebildet. Weitere
Rezesse und Vereinbarungen folgten 1862 und 1869. Mit ihnen ging die bis dahin eigenständige Gerichtsbarkeit der Rezeßherrschaften an den sächsischen Staat über.

      Die Herrschaft Rochsburg gehört zu den Schönburgischen Lehnsherrschaften und war
deshalb nicht von den Rezessen betroffen. Die Besitzer von Schloß und Herrschaft Rochsburg sind gleichwohl immer an den Auseinandersetzungen beteiligt gewesen, denn die
Herrschaftstitel und -rechte des Hauses Schönburg wurden – obwohl das Geschlecht seit
dem 16. Jahrhundert in mehrere Linien geteilt ist – immer gemeinschaftlich ausgeübt.

      Die Herrschaft Rochsburg umfaßte die Dörfer Rochsburg, Arnsdorf, Dittmannsdorf,
Wernsdorf, Ober- und Niederelsdorf, Groß- und Kleinschlaisdorf, Berthelsdorf, Burkersdorf, Mohsdorf, Heiersdorf, Helsdorf und Chursdorf, dazu die beiden Städtchen Lunzenau
und Burgstädt und die Rittergüter Rochsburg, Berthelsdorf, Elsdorf und Mohsdorf. Die
Bauern und Stadtbewohner, die in diesem Gebiet lebten, unterstanden der Gerichtsbarkeit
des Gutsherrn und hatten ihm Abgaben und Dienste zu leisten. Die mittelalterliche Wirtschaftsordnung, die sich bis ins 19. Jahrhundert hielt, basierte darauf, daß jeder, der Grund
und Boden bewirtschaftete, an die Grundherrschaft einen Grundzins zu zahlen hatte.
Dieser Grundzins bestand aus Geld- und Naturalabgaben und aus Frondiensten. Die
unverheirateten Knaben und Mädchen hatten als Knechte und Mägde für die Gutsherrschaft zu arbeiten.

      Darüber hinaus unterhielt der Besitzer der Herrschaft Rochsburg einen eigenen landwirt-
schaftlichen Betrieb. Er bewirtschaftete vier Rittergüter mit den dazugehörigen Äckern, Wiesen und Wäldern. Das Herzstück dieses Wirtschaftsbetriebs war das Rochsburger Rittergut
unmittelbar vor dem Schloß. Es bestand aus Scheunen und Stallungen, die sich um einen
geräumigen Hof legten. Angeschlossen waren eine Schäferei und eine große Gärtnerei. Davon
ist heute kaum noch etwas zu sehen, denn nach der Bodenreform 1945 wurde das Rittergut
größtenteils abgerissen. Erhalten blieb das Forsthaus nahe des Schloßeingangs, das im
18. Jahrhundert als Gräfliches Justizamt erbaut wurde. Unterhalb des Schlosses, dicht an der
Mulde, ist das Herrschaftliche Waschhaus zu finden. Hierhin kamen die Frauen und Mädchen, um die Wäsche für die Gutsherrschaft zu waschen. Zuvor befand sich hier die Fronfeste
mit dem Gefängnis des Amtes Rochsburg.

      Der Besitzer der Herrschaft Rochsburg hatte die niedere und höhere Gerichtsbarkeit über
die Stadt- und Dorfbewohner inne. Das war sehr einträglich, denn die Mehrzahl der verhäng-
ten Strafen waren Geldstrafen, die man dem Grundherrn zu leisten hatte. Auch Gefängnis-
strafen konnten durch Geldzahlungen abgegolten werden. Hinrichtungen wurden nur selten
vollzogen. Gerichtsort war das Gräfliche Justizamt in Rochsburg. Das zweigeschossige

Rochsburg. Zeichnung von J. P. Wizani, um 1810, gewidmet den Herren Heinrich Wilhelm Ernst und Heinrich Ernst II. von Schönburg

Gebäude zwischen der Schloßbrücke und dem ehemaligen Rittergut wurde bis 1945 als Forsthaus genutzt und ist an dem außen angebrachten Geweih zu erkennen. Vor dem Justizamt wurde 1711 die unverheiratete Bauerntochter Elise Lindner aus Chursdorf enthauptet, die ihr heimlich geborenes Kind getötet hatte. Unter Androhung von Folter hatte sie ihre Tat zugegeben. Nach dem Urteil des Leipziger Schöppenstuhls sollte die Kindsmörderin in einem Sack ertränkt werden. Doch die Eltern richteten ein Gnadengesuch an den Kurfürsten, der diese grausame Hinrichtungsform in eine mildere durch das Schwert verwandelte. Der Scharfrichter Peter Otten aus Penig vollzog die Enthauptung am 25. Februar 1711.

Der in den Reichsgrafenstand erhobene August Ernst von Schönburg starb 1729. Der Besitz fiel an seine Neffen Wolf Ernst und Gustav Ernst. Nachdem diese gestorben waren, kam die Herrschaft Rochsburg an die Brüder Heinrich Ernst I., Albert Christian Ernst und Gustav Ernst, die 1751 eine Besitzteilung vereinbarten. Der älteste der drei Brüder, Heinrich Ernst I., übernahm den Rochsburger Besitzanteil. Er begründete die Linie Schönburg-Rochsburg, für die er im Schloß eigene Gruft anlegen ließ. Der Graf starb 1777. Seine Witwe, Magdalene Luise, geborene Reichsfreiin von Elstern, eine energische und verantwor-

Heinrich Ernst Graf u. Herr
v. Schönburg-Rochsburg.
Geb. den 13ten Sept: 1711 ✝ 1777.

Graf Heinrich Ernst I. von Schönburg-Rochsburg. Ölgemälde, um 1770

tungsbewußte Frau, verwaltete die Herrschaft Rochsburg für die noch unmündigen Kinder. Der älteste Sohn Friedrich Ernst war 1770 verstorben, und Ludwig Ernst, Offizier in Bayern, wurde für seinen Anteil an der Herrschaft abgefunden, so daß Rochsburg 1786 an die Brüder Heinrich Wilhelm Ernst und Heinrich Ernst II. fiel.

Heinrich Ernst II. Graf von Schönburg-Rochsburg war sehr begabt. Er besuchte die Universität Leipzig, an der er Rechtswissenschaften studierte, und arbeitete einige Jahre als Assessor bei der Landesregierung in Dresden. 1786 vereinbarte er mit seinem Bruder eine Aufteilung der Herrschaft, wobei Heinrich Wilhelm Ernst das Vorwerk Rochsburg übertragen bekam. Alle anderen Ländereien und die Rittergüter Mohsdorf, Berthelsdorf und Helsdorf bewirtschaftete Heinrich Ernst II. selbst. Sein Anteil umfaßte 86 ha Ackerflächen, 11 ha Wiesen und über 100 ha Wald.

1790 kam es in Sachsen zu einem Bauernaufstand, der auch die Herrschaft Rochsburg berührte. Am 8. Juli 1790 hatte der Seilermeister Christian Benjamin Geißler aus Liebstadt beeinflußt durch die französische Revolution einen revolutionären Aufruf veröffentlicht, der in den sächsischen Dörfern rasch Verbreitung fand. Anfang August brach in der Lommatzscher Pflege ein Aufstand aus, der aber niedergeschlagen wurde. Auch die Bauern der Herrschaft Rochsburg waren unzufrieden. Die Klagen richteten sich besonders gegen den Gesindezwangsdienst und die Gebühren, die bei Erbschaftsangelegenheiten, Ab- und Zuzugsgenehmigungen oder Beglaubigungen anfielen. Am 31. August 1790 versammelten sich die Aufständischen vor der Ziegelscheune in Mohsdorf, um von hier aus, angeführt von den beiden Müllerburschen Johann Gottlob Händel aus Mohsdorf und Gottlob Konrad aus Burgstädt, zum Schloß Rochsburg zu ziehen. Etwa zweitausend Bauern und Stadtbewohner aus Lunzenau und Burgstädt kamen vormittags im Schloßgelände zusammen, wo sie Gehorsam und Frondienste aufkündigten. Die Mutter des regierenden Grafen, Magdalena Luise, ging mutig den Aufrührern entgegen, um sie zu beschwichtigen. Dabei kam es zu einem Handgemenge, in dem der Müllerbursche Händel die Gräfin — angeblich unbeabsichtigt — schlug. Magdalena Luise hastete die Schloßtreppe nach oben und schloß sich ein. Die Bauern einigten sich, auf den abwesenden Grafen zu warten, und blieben weiterhin im Schloßgelände, auch nachdem ein Reiter das kurfürstliche Mandat gegen Tumult und Zusammenrottung verlesen hatte, das strenge Strafen androhte. Graf Heinrich Ernst II. von Schönburg traf am Nachmittag mit dreißig Leibkürassieren in Rochsburg ein. Da die Bauern nicht wichen und ihre Knüppel erhoben, eröffneten die Soldaten das Feuer. Sie schossen in die Menge und hauten mit ihren Säbeln wahllos um sich. Zwanzig Bauern wurden verwundet, ein Bürger aus Burgstädt starb. Die Aufrührer flohen, doch den Soldaten gelang es, die Rädelsführer zu verhaften. Der Graf ließ die Gefangenen frei — bis auf Johann Gottlob Händel, der zum Prozeß nach Dresden abgeführt wurde. Dort verurteilte man ihn zu einem Jahr Zuchthaus. Aufgrund einer Amnestie kam er 1791 frei.

Heinrich Ernst II. hatte erkannte, daß die Landwirtschaft modernisiert werden mußte. Als praktischer Landwirt, der viel von wirtschaftlichen Zusammenhängen verstand, machte er sich selbst daran, die Erträge und Gewinne seines Gutes zu steigern. Die althergebrachte Dreifelderwirtschaft ersetzte er durch eine wechselnde Fruchtfolge. Durch sorgfältige Bearbeitung des Bodens, vor allem aber durch den Einsatz von Dünger konnte er steigende Erträge erreichen. Die Anbaumethoden wertete er akribisch aus, desgleichen seine Düngversuche mit Düngersalz, Asche und Mist. Die besondere Zuneigung des Grafen galt aber der Schafzucht. Wenn es ging, weilte der Graf in der Schäferei, die seine Mutter in Rochsburg gegründet hatte. Die Merinoschafe des Grafen lieferten besonders gute Wolle, die auf den Märkten höchste Preise erzielte. Heinrich Ernst II. führte die Stallfütterung ein und ließ auf den nicht mehr beweideten Wiesen systematisch Futter anbauen. 1801 hielt der Graf in Rochsburg, Helsdorf, Berthelsdorf und Mohsdorf insgesamt zweitausend Schafe. Um die landwirtschaftlichen Erzeugnisse zu verwerten, baute er in Berthelsdorf eine Ölmühle und später eine Brennerei, in der aus Kartoffeln Branntwein gewonnen wurde.

Der Graf führte ein „Ökonomisches Tagebuch", stellte Wirtschaftspläne auf und verfaßte eine eigene Schrift über die Schafzucht. Mit seinen neuartigen Bewirtschaftungsmethoden erlangte er höchste Anerkennung. Albrecht Thaer aus Berlin, der Begründer der modernen Landwirtschaftswissenschaft, kam mehrfach nach Rochsburg, und Friedrich Benedikt Wacker, Professor in Breslau, veröffentlichte 1828 die Aufzeichnungen des Grafen. Er schrieb: „Was den Grafen aber ganz hauptsächlich zu einem der ersten, berühmtesten und ausgezeichnetesten ächt praktischen deutschen Landwirthe machte, war sein großes herrliches, ausgebreitetes wirkliches Leben und Wirken in der Ausübung, in dem Betriebe der Landwirtschaft selbst, in welchem er eben immer nur den Grundsätzen einer richtigen Theo-

Graf Heinrich Ernst II. von Schönburg-Rochsburg.
Lithographie um 1828

rie folgte, nicht nackter Empirie sich hingab, sondern seine große, reiche ökonomische Erfahrung, nur nach wissenschaftlichen Gründen geprüft, berichtigt und bestätigt, als seine Leiterin und Führerin annahm, bei allem, was er beobachtete und wahrnahm, nach Grund und Ursache fragte, und so ein allgemeines wissenschaftliches Resultat, ein rationelles Princip darüber sich zu bilden bemüht war." Heinrich Ernst II. starb am 19. April 1825, ohne männliche Nachkommen zu hinterlassen. Mit ihm erlosch der Familienzweig Schönburg-Rochsburg. Seine zweite Gemahlin, Wilhelmine Ernestine von Köhler, lebte noch bis 1838 im Rochsburger Schloß.

Die mittelalterliche Wirtschaftsordnung mit ihren Abgaben und Zwangsdiensten war längst überholt. Doch erst 1830 kam es zu grundlegenden Agrarreformen in Sachsen. Hatten bis dahin die Grundzinsen zu den wichtigsten Einnahmen der Herrschaft Rochsburg gehört, so wurden nun alle Grundlasten abgelöst. Als Ablösesumme mußte die 25-fache Menge des jährlichen Geldwerts der bisher zu leistenden Verpflichtungen gezahlt werden. Der Geldbetrag wurde von der Landrentenbank vorgeschossen und war in maximal 55 Jahresraten zu tilgen. Die Grafen und Herren von Schönburg erhielten Wertpapiere der Grundrentenbank. Die Ablösung und Rückzahlung der Geldbeträge zog sich jahrzehntelang hin.

Auch die vom Grundherrn ausgeübte Patrimonialgerichtsbarkeit war nicht zu halten. Mit Gesetz vom 11. August 1855 wurde eine neue Gerichtsorganisation im Königreich Sachsen eingeführt. Alle Justiz- und Verwaltungsbefugnisse in Sachsen wurden verstaatlicht. Davon waren auch die Schönburgischen Lehnsherrschaften betroffen. Das Gräfliche Justizamt in Rochsburg wurde aufgelöst. Die Gerichtsbarkeit ging an das Königliche Amtsgericht in Burgstädt über. In den Schönburgischen Rezeßherrschaften wurde die Gerichtsbarkeit erst 1878 an Sachsen übertragen.

Obwohl die Sonderstellung des Hauses Schönburg damit beseitigt war, blieb der Familie dennoch ein beträchtlicher politischer Einfluß erhalten. Nach der sächsischen Verfassung von 1831 bestand der Landtag in Dresden aus zwei Kammern. Alle Gesetze mußten von der Ersten Kammer gebilligt werden, in der die Prinzen des königlichen Hauses, vom König ernannte Mitglieder, die Inhaber der Standesherrschaften, gewählte Vertreter der Rittergutsbesitzer, die geistlichen Einrichtungen sowie die größeren sächsischen Städte und die Universität Leipzig vertreten waren. Ein Sitz stand den Schönburgischen Rezeßherrschaften zu. Der Bevollmächtigte wurde gemeinsam von allen Linien des Hauses Schönburg berufen. 1910 war es Dr. Alfred Karl von Wächter. Ein zweiter Sitz war den Schönburgischen Lehnsherrschaften Rochsburg, Penig und Wechselburg vorbehalten. Bis zur Jahrhundertwende nahm Richard Clemens Graf von Schönburg-Hinterglauchau diesen Abgeordnetensitz wahr. Ihm folgte Joachim Graf von Schönburg-Glauchau nach. Die Erste Kammer des sächsischen Landtags, ein letzter Rest der früheren ständischen Ordnung, wurde durch die Revolution von 1918 aufgelöst.

Rochsburg. Herrschaftliches Waschhaus, erbaut 1828

Graf Heinrich von Schönburg-Hinter-glauchau. Übermalte Photographie aus dem Atelier Meltzer, Berlin, um 1860

Die Herrschaft Rochsburg war 1825 an die Linie Schönburg-Hinterglauchau gefallen. Ludwig Graf von Schönburg-Hinterglauchau vererbte den Besitz 1842 an seine Söhne Heinrich und Ernst, wobei Ernst in Rochsburg residierte, während Heinrich in Glauchau wohnte. Heinrich übergab seinen Anteil am Rochsburger Schloß seinem ältesten Sohn, dem Erb-grafen Friedrich, der mit seiner Ehefrau Gabriele, geborene Prinzessin von Windischgrätz, seit etwa 1853 in Rochsburg lebte. Gabriele von Schönburg, eine begabte Malerin, hinterließ im Schloß großformatige Familienbilder.

Die Besitzverhältnisse des Jahres 1870 schildert eine Nachricht in der Turmkugel des Pulverturms, die der herrschaftliche Archivar Gustav Theodor Hieronymus am 22. September 1870 verfaßt hat. Dort heißt es: „Alleiniger Besitzer des Schlosses und der Herrschaft Rochsburg: Seine Erlaucht, der Graf Heinrich Gottlob Otto Ernst, Graf und Herr von Schönburg-Glauchau (nachdem hochdessen letzter Herr Bruder, der Graf Ernst von Schönburg, Erlaucht, am 22. Juli 1868 auf dem Schlosse Rochsburg verstorben); übrigens ist der Graf Heinrich von Schönburg, Erlaucht, auch Besitzer der Receßherrschaft Hinterglauchau, der Herrschaft Gusow und des Rittergutes Netzschkau; derzeitiger Oberdirektor des Gesamthauses Schönburg: Seine Durchlaucht Fürst Otto Friedrich von Schönburg-Waldenburg, höchstwelcher auch zur Zeit Besitzer der Receßherrschaften Waldenburg, Lichtenstein und Stein, und der Lehnsherrschaft Remse ist. Besitzer der Receßherrschaft Vorderglauchau und der Lehnsherrschaften Penig und Wechselburg ist: Seine Erlaucht der Graf Carl Heinrich

Erbgraf Friedrich von Schönburg-Hinter-
glauchau in Husarenuniform. Gemälde von
Gabriele von Schönburg, geb. Prinzessin von
Windischgrätz, um 1870

Wolf Wilhelm Franz, Graf und Herr von Schönburg; Besitzer der Receßherrschaft Hartenstein: Seine Durchlaucht, der Fürst Heinrich Eduard, Fürst und Herr von Schönburg-
Hartenstein. Seit dem 15. Mai 1861 ist Herr Johannes Scharffenberg (aus Glückstadt gebür-
tig) Hofprediger und Pfarrer in Rochsburg; seit Februar 1863 Herr Karl Gottlob Schreiber
aus Marienberg Pfarrer in Lunzenau. Mit Aufhebung der Patrimonialgerichtsbarkeit ist die
Gerichtspflege innerhalb des Herrschaftsbereichs von Rochsburg seit 1856 auf die Königlichen Gerichtsämter Penig und Burgstädt übertragen worden. Die herrschaftliche Ökono-
mie zu Rochsburg ist seit mehreren Jahren in Einzelpacht gegeben. Die Renteinnahme wird
seit 1ten April 1869 von dem in Glauchau stationierten Rentkassierer Friedrich Wilhelm
Schmidt verwaltet. Förster in Rochsburg ist jetzt Franz Meiner."

Der älteste Sohn des Grafen Heinrich, der in Rochsburg wohnende Erbgraf Friedrich,
wurde im Januar 1876 enterbt. Die Hintergründe dieses ungewöhnlichen Vorgangs sind
nicht bekannt. Friedrich verließ Sachsen und ging nach Graz. Der Besitz fiel 1881 an dessen

Graf Richard Clemens von Schönburg-Hinterglauchau. Photographie von J. G. W. Schaarwächter, Berlin, 1900

jüngeren Bruder, Graf Richard Clemens, der Schloß Hinterglauchau zu seinem Wohnsitz bestimmte, gelegentlich aber auch in Rochsburg weilte. Er ließ 1892 das Lusthaus umbauen und die Gartenanlagen um das Schloß erneuern. Richard Clemens liebte die Gesangskunst. Er komponierte und musizierte gemeinsam mit seiner zweiten Gemahlin Frieda von Fabrice. Der Graf starb am 19. Oktober 1900, ohne Kinder zu hinterlassen. Damit starb die Linie Schönburg-Hinterglauchau aus. Der gesamte Besitz kam an die Linie Schönburg-Forderglauchau, die in Wechselburg ihren Hauptsitz hatte.

Vom Herrschaftssitz zum Museum
Schloß Rochsburg seit 1900

Sylvia Karsch

Als am 19. Oktober 1900 Graf Richard Clemens von Schönburg-Hinterglauchau kinderlos starb, ging die Grundherrschaft Rochsburg an Graf Joachim von Schönburg-Forderglauchau über. Er war mit der aus Böhmen stammenden Oktavia Chotek von Chotkowa und Wognin verheiratet, deren Schwester die Ehefrau des österreichischen Thronfolgers Franz Ferdinand war. Gräfin Oktavia soll die Kinder des 1914 in Sarajewo ermordeten Thronfolgerpaares eine Zeit lang in Wechselburg aufgenommen haben. Die Witwe des Grafen Richard Clemens, Frieda von Schönburg, geborene von Fabrice, zog von Rochsburg weg und bevorzugte als Wohnsitz das Schloß Gusow bei Seelow in Brandenburg, wo sie 1943 starb.

Die gräfliche Familie war in Wechselburg zu Hause. Das Rochsburger Schloß wurde nur noch zeitweise genutzt. Den Besitz verwaltete ein Haushofmeister. Das Rittergut lagerte Vorräte im großen Keller unter dem Westflügel und im Südkeller ein. Graf Joachim richtete 1911 in drei Räumen der Kernburg ein Museum ein, so daß das Schloß nun von jedermann besichtigt werden konnte. Der Haushofmeister führte die Gäste auch in die Schloßkapelle St. Anna, in der keine Andachten mehr stattfanden. Die Ausstattung des Schlosses war nicht sehr umfangreich – im Inventar von 1844 ist die Aufzählung des Hausrates sehr kurz. Leider ist über die funktionale Zuordnung der Räume wenig bekannt. Es wurden 1844 zwar ein blauer, weißer und roter Salon benannt, aber nicht die genaue Lage beschrieben. Nach 1860 hatte man im Inneren des Schlosses umfangreiche Renovierungen vorgenommen. Davon blieben bis in die Nachkriegszeit noch Tapeten erhalten, die Holzvertäfelungen imitierten.

Die Nutzung des Schlosses in den 1920er Jahren beschrieb Herr Dr. Johnen, der Präsident der Fürstlich und Gräflich Schönburgischen Gesamtkanzlei zu Glauchau, am 5. Juli 1928 wie folgt: Das Schloß „diente bis zum Jahre 1921 lediglich zur Besichtigung der Besucher Rochsburgs. Im Jahre 1921 wurden die in dem nach dem Bahnhof zu liegenden Flügel befindlichen Räume der Rochsburg an den Deutschen Offiziersbund ohne Entschädigung für den Besitzer zur Verfügung gestellt und vom Deutschen Offiziersbund in den Sommermonaten zur Unterbringung erholungsbedürftiger Kinder seiner Angehörigen genutzt. Im Jahre 1924 wurden die in dem anderen Flügel nach dem Bärenzwinger zu liegenden Räume an den Verein ‚Neudeutschland‘, und zwar ebenfalls ohne Entschädigung für den Besitzer, vermietet und von diesem Verein, der katholische Studenten, die unbemittelt sind, zusammenfaßt und ihnen in seinem Fortkommen behilflich ist, gleichfalls während der Sommermonate zur Unterbringung gesundheitlich schlechter Angehöriger benutzt. Das Mietverhältnis mit dem Deutschen Offiziersbund fand im Jahre 1926 infolge Kündigung des Deutschen Offiziersbundes ein Ende. Die Gründe sind unbekannt. Die Angehörigen des

Schloß Rochsburg. Ahnenbilder im Rittersaal. Aufnahme um 1930

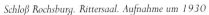

Schloß Rochsburg. Rittersaal. Aufnahme um 1930

Schloß Rochsburg. Blaues Zimmer. Aufnahme um 1930

Deutschen Offiziersbundes hatten sich während ihres jeweiligen Aufenthaltes jederzeit einwandfrei und vorbildlich benommen. Dagegen mußten über das Verhalten der Angehörigen des Vereins ‚Neudeutschland‘ bedauerlicherweise wiederholt Klagen geführt werden, und zwar auch von den Besuchern von Rochsburg, die sich durch allzu rücksichtsloses Verhalten der Angehörigen des Vereins beschwert fühlten.“

Der Bund Neudeutschland, der seit 1924 einige Räume im Schloß nutzte, hatte sich 1919 als Verband katholischer Schüler an höheren Lehranstalten formiert. Die Gemeinschaft war von den Ideen der Jugendbewegung des beginnenden 20. Jahrhunderts beeinflußt. Die Mitglieder des Bundes, die sich durch ihren katholischen Glauben miteinander verbunden fühlten, trafen sich zu Heimabenden, Fahrten und Wanderungen. Aber noch vor der bündischen Jugend hatten Verbindungsstudenten aus Leipzig das romantische Muldental und Rochsburg entdeckt. Die Burgen an Saale und Mulde waren seit dem 19. Jahrhundert Ausflugsziele der Studenten gewesen. Alle großen Korporationsverbände hatten sich Burgen als Tagungsorte ausgesucht. So trafen sich die Corps des Kösener Senioren-Convents-Verbands auf der Rudelsburg bei Naumburg, während die Landsmannschaften an deutschen Hochschulen auf der Veste Coburg zusammenkamen. Als die Technischen Verbindungen der Leipziger Ingenieur- und Gewerbeschulen nach dem Ersten Weltkrieg einen eigenen Dachverband gründen

Stiftungsfest der Technischen Verbindung Hephästos zu Leipzig in Rochsburg. Aufnahme um 1930

wollten, taten sie das in Rochsburg. So entstand der Rochsburger Delegierten-Convent, dessen Mitgliedsverbindungen einmal im Jahr im Schloß Rochsburg zusammenkamen. Als 1935 alle Studentenverbindungen verboten wurden, ging auch der recht kleine Rochsburger Delegierten-Convent unter.

Durch den wachsenden Besucherstrom wurde die prekäre bauliche Situation der Rochsburg immer bekannter. Der Landesverein Sächsischer Heimatschutz e. V., der sich für den Erhalt der sächsischen Burgenlandschaft einsetzte, initiierte schließlich den landesweiten Aufruf „Rettet die Rochsburg". Er bewirkte, daß Mittel der sächsischen Landeslotterie für die Sanierung der Rochsburg zur Verfügung gestellt wurden. Es begann eine umfangreiche Sanierung unter der Leitung des Architekten Otto Rometsch aus Dresden. Die örtliche Baukontrolle oblag dem Baumeister Reinhold Ulrich aus Glauchau. Von diesem Baugeschehen berichten Nachrichten im Turmknauf des Bergfrieds. Baumeister Ulrich schrieb am 10. September 1928: „Im Jahre 1928 wurde die Burg instandgesetzt. Diese Arbeiten wurden mir von dem bauleitenden Architekten Rometsch, Dresden, übertragen. Die Dauer der Ausführung wird auf ca. 3 Jahre bemessen. Die Durchführung gestaltete sich ziemlich schwierig, da der Verfall der Burg ziemlich weit vorgeschritten war. In Folge der schweren Nachkriegszeit waren die Mittel beschränkt, so daß wertvolle Balkendecken leider nicht in der ursprünglichen Gestalt ergänzt werden konnten. Für die Grafen von Schönburg und Waldenburg hat der unterzeichnete Baumeister im Jahre 1912 und 1913 das fürstliche Schloß in Waldenburg

Schloß Rochsburg. Sanierungsarbeiten im Schloßhof. Aufnahme 1928 (links)
Schloß Rochsburg. Erneuerung des Pulverturms. Aufnahme von Arthur Thorschmidt, 1951

vollständig umgebaut und wesentlich vergrößert, ebenso das Schloß Forder- und Hinter-glauchau 1926–1928 renoviert."

Die Baumaßnahmen am Schloß verzögerten sich aus finanziellen Gründen und kamen erst 1937 zu einem vorläufigen Abschluß. Als Gegenleistung für die Bereitstellung großzügiger finanzieller Zuwendungen des Freistaats Sachsen überließ Graf Joachim einige Räume des Schlosses 1932 dem sächsischen Jugendherbergswerk. In der Dachetage der Kernburg wurden Schlaf- und Aufenthaltsräume eingerichtet. Einige Einbauten aus dieser Zeit haben bis jetzt überdauert, zum Beispiel die Bänke im Treppenhausboden des Westflügels. Die Jugendherberge fand ob ihrer schönen Umgebung und der vielfältigen Wandermöglichkeiten schnell großen Zuspruch. Der Zweite Weltkrieg unterbrach die friedliche touristische Nutzung der Rochsburg. Das Museum mußte geschlossen werden. Im Schloß wurden Kulturgut und Bücher aus dem Naturhistorischen und Kulturgeschichtlichen Museum der Stadt Hamburg sowie aus der Hamburger Stadtbibliothek eingelagert. Der damalige Schloßwart Arthur Thorschmidt war für die Sicherheit der Bestände verantwortlich. Die Jugendherberge soll 1945 eine Zeit lang als Werwolflager gedient haben, aber darüber gibt es bis jetzt keine authentischen Dokumente oder Berichte.

Am 3. Juli 1943 starb Graf Joachim von Schönburg-Glauchau. Sein ältester Sohn Carl erbte den Familienbesitz. Graf Carl war seit 1927 mit der polnischen Gräfin Maria von

Graf Carl von Schönburg-Glauchau mit seiner Ehefrau Maria von Baworow-Baworowska und den Kindern. Aufnahme 1941

Baworow-Baworowska verheiratet. Zwischen 1928 und 1943 kamen acht Kinder zur Welt: Franziska, Joachim, Oktavia, Rudolf, Assunta, Johannes, Georg und Josephine. In den letzten Kriegsmonaten wurde Graf Carl von Schönburg-Glauchau als Volkssturmmann eingezogen. Er fiel in Breslau am 12. April 1945, so daß sein ältester Sohn Joachim Schloß und Herrschaft Rochsburg erbte. Als die Rote Armee im Mai 1945 Wechselburg besetzte, floh die Gräfin in letzter Minute mit ihren Kindern nach Rochsburg, wo sie einige Wochen lebte. Da sie zu diesem Zeitpunkt noch nicht wußte, daß ihr Mann gefallen war, wollte sie hier auf ihn warten. Erst kurz vor der Besetzung durch russische Truppen gelang der Familie die Flucht in den Westen Deutschlands. Schloß Rochsburg wurde mit dem gesamten Besitz der Grafen von Schönburg-Glauchau im Oktober 1945 entschädigungslos enteignet.

Kriegsende, Enteignung und Vertreibung
Im April 1945 erreichte die 6. US-Panzerdivision die Zwickauer Mulde. Auch Wechselburg und das Schloß der gräflichen Familie wurden besetzt. Dann zogen die Amerikaner ab, und die Rote Armee rückte bis zur Mulde vor. Für einige Wochen, bis zum 1. Juli 1945, war die Zwickauer Mulde die Demarkationslinie zwischen sowjetischem und ame-

rikanischem Gebiet. Während Wechselburg zur russischen Besatzungszone gehörte, war Rochsburg, auf der anderen Muldenseite gelegen, in amerikanischer Hand.

Joachim Graf von Schönburg-Glauchau, der bei Kriegsende 16 Jahre alt war, berichtete über die Ereignisse: „Hartnäckig hielten sich Gerüchte, die Amerikaner würden wieder abziehen, und die Rote Armee würde nachrücken. Von den Amerikanern wurde das entweder dementiert – oder bagatellisiert. Wer habe denn vor den Russen etwas zu befürchten? Unsere Mutter schwankte. Einerseits war Vater, als wir noch zusammen waren, eindeutig für die Flucht nach Westen gewesen; andererseits war die Situation jetzt insofern anders, als es sich nicht mehr um eine nähernde Front handelte; vor allem aber fürchtete sie, Vater würde uns nicht mehr finden oder aus sonstigen Gründen von uns getrennt werden, wenn er heimkäme. Ein verständnisvoller französischer Verbindungsoffizier verschaffte ihr jedenfalls einen sehr weitgehenden Passierschein, und als die Gerüchteküche meldete, die Mulde werde zur endgültigen Demarkationslinie, verlagerte sie Lebensmittel und Hausrat samt dem kleinen Treck des Grafen Stolberg nach Rochsburg, auf das Westufer der Mulde. Als dann kurz darauf tatsächlich ein Vorkommando der Roten Armee in Wechselburg auftauchte und den Gutsinspektor dafür haftbar machte, daß die bereits vollbepackten Treckwagen samt Pferden und Traktoren nicht den Hof verließen, konnte sie doch mit den kleinen Kindern und dem Kindermädchen einen Ausflug im offenen Jagdwagen mit zwei leichten Kutschpferden vortäuschen und über die Mulde nach Rochsburg entwischen.

So wurde Rochsburg zum erstenmal seit 1900 wieder von Schönburgs bewohnt – und Mutter war entschlossen, dort zu bleiben. Zwar waren Rotarmisten stets in Sichtweite – jenseits der Mulde –, während die amerikanischen Soldaten nur auf Stipvisite kamen, die „unheimliche" Burg gründlich untersuchten – und dabei die Särge in der Gruft aufbrachen, weil sie Werwölfe oder Waffen darin argwöhnten. Mutter aber sah einen Wink des Schicksals: In Rochsburg waren wir zu Hause und jederzeit auffindbar – und doch bei den Amerikanern, außerdem: Wie hätte sie auch weiterziehen sollen – mit fünf kleinen Kindern und nur einem offenen Kutschwagen?

Wir drei größeren Kinder waren längst nach Droyßig, jenseits der Saale, vorausgewandert, um dort, an der vorgesehenen ersten Station unseres Trecks, Quartier zu machen. Von Droyßig aus wollten wir, möglichst zusammen mit den dortigen Verwandten, nach Westfalen weiterziehen. Wir warteten täglich auf das Eintreffen des Wechselburger Trecks – und freundeten uns mit den dort stationierten Amerikanern an. Die eröffneten uns eines Tages, sie müßten innerhalb der nächsten drei Tage abrücken; die Russen würden sie ablösen. Um Gottes Willen! Mutter saß immer noch – aus unklaren Gründen – in Rochsburg, wie wir durch die Nachricht eines durchziehenden Heimkehrers wußten, und ahnte offenbar nichts! Ich schnappte mir ein Fahrrad und strampelte – die Straßenposten der US-Army jedesmal umgehend – über Zeitz und Altenburg nach Rochsburg. Hier löste meine Alarmnachricht wenigstens bei den Stolbergs sofortige Fluchtreaktionen aus, während Mutter resignieren wollte. Dennoch waren wir noch am selben Abend auf dem Weg – ein jammervoller Treck: Voraus eine große schwarze Kalesche, in der Mutter mit dem Baby beim greisen Grafen Stolberg und seinem Hausgeistlichen untergekommen war, gefahren von der Gräfin Stolberg, dahinter ein Einspänner, auf dem der jüngste Stolberg die Habseligkeiten seiner im Feld stehenden drei Brüder transportierte. Es folgte der letzte Treckwagen der Stolbergs, geführt von einem polnischen Kutscher, dann unser Jagdwagen, gefahren von Rudolf (12), besetzt mit dem Kindermädchen und den kleinen Geschwistern Sissy (9), Johannes (7) und Georg (4), sowie schließlich ein großer Kastenwagen, den ich am Nachmittag noch dem Rochsburger Gutspächter abgekauft hatte, bespannt mit zwei zufällig in Rochsburg hängengebliebenen Flüchtlingspferden und beladen mit Bettzeug und Verpflegung und was sich sonst in der Eile zusammenraffen ließ."

Der Treck erreichte die bayerische Grenze – rechtzeitig bevor die Rote Armee das Gebiet westlich der Mulde besetzte. Joachim von Schönburg-Glauchau wagte es, im Sommer 1945 in die sowjetische Besatzungszone zurückzukehren, da er Verwandte nachholen wollte. In Droyßig erfuhr er, daß sein Vater in den letzten Kriegstagen in Breslau gefallen war. Nun hatte er als ältester Sohn die Pflicht und Verantwortung für den Familienbesitz. Obwohl die Bodenreform bereits angekündigt war, versuchten Graf Joachim und seine in Wechselburg gebliebene Tante Franziska so viel wie möglich vom früheren Eigentum zu retten. Doch alle juristischen Bemühungen nutzten nichts. Im Oktober 1945 wurde der gesamte Besitz der gräflichen Familie enteignet – auch die Schlösser Wechselburg, Rochsburg und Glauchau. Graf Joachim floh in den Westen, nachdem ihn Dorfbewohner in Wechselburg vor der Verhaftung gewarnt hatten. Damit entging er noch rechtzeitig der Deportation auf die Insel Rügen, wo die früheren Gutsbesitzer aus der sowjetischen Besatzungszone und ihre Angehörigen interniert wurden.

Joachim von Schönburg-Glauchau mußte sich im Westen Deutschlands eine neue Existenz aufbauen. Die Fürstin von Fürstenberg, eine Schwester seines Vaters, nahm die mittellosen Flüchtlinge in Heiligenberg unweit des Bodensees auf. Graf Joachim, der die ungarische Gräfin Beatrix Széchényi von Sárvár und Felsövidék geheiratet hatte, arbeitete als Journalist, lebte zeitweise im Ausland und baute Rundfunkstationen in Afrika auf. Später übernahm der begeisterte Jäger die Redaktion der Zeitschrift „Die Pirsch". Nach dem Ende der DDR kehrte Joachim von Schönburg-Glauchau in seine Heimat zurück. Mit seiner zweiten Ehefrau Ursula Zwicker bezog er eine Wohnung im Schloß Rochsburg. In Rochsburg begann auch seine späte politische Karriere: Im Dezember 1990 wurde Graf Joachim, der im Wahlkreis Glauchau/Rochlitz/Hohenstein-Ernstthal/Hainichen für die CDU kandidierte, in den Deutschen Bundestag gewählt. Bis 1994, als er aus gesundheitlichen Gründen nicht mehr zur Wahl antrat, engagierte er sich in Bonn für die Belange seines Wahlkreises. Joachim von Schönburg-Glauchau starb 1998. Da der älteste Sohn Carl Alban 1995 auf alle Nachfolgerechte verzichtet hatte, folgte der 1969 geborene Alexander seinem Vater als Chef des Gräflichen Hauses Schönburg-Glauchau nach. Alexander von Schönburg, Graf und Herr von Glauchau und Waldenburg, Herr von Penig, Wechselburg und Rochsburg, ist mit Irina Prinzessin von Hessen verheiratet. Er lebt in Berlin, wo er als Journalist arbeitet. Bekannter ist seine ältere Schwester, Gloria von Thurn und Taxis, die 1980 den Fürsten Johannes von Thurn und Taxis heiratete.

In Rochsburg soll es 1945 Bestrebungen gegeben haben, das Schloß zu sprengen, da es als Zeugnis einer überholten Zeit angesehen wurde. Dank der Intervention der Bewohner des Ortsteils Kleinpolen unterhalb der Burg wurde dieser Plan wieder verworfen. Sie befürchteten die Zerstörung ihrer Häuser bei der Sprengung durch herabstürzende Steine. Ins Schloß zogen Flüchtlinge und Vertriebene ein. Zeitweise wohnten hier dreizehn Familien. Nachdem man die im Zweiten Weltkrieg eingelagerten Kulturgüter abtransportiert hatte, wurden 1948 das Museum und 1950 die Jugendherberge wiedereröffnet. Das Schloß wurde nun von der Verwaltung der Sächsischen Burgen Schlösser und Gärten betreut. Da nur noch wenig Mobiliar vorhanden war, erhielt das Museum zahlreiche Leihgaben aus der sogenannten Schloßbergung – Ausstattungsstücke, die man aus anderen enteigneten Schlössern zusammengetragen hatte.

1951 wurde das zuvor abgetragene Dach des Pulverturms wiederaufgebaut. Der geplante Ausbau des Pulverturms konnte aber aus Kostengründen und wegen Materialmangels nie ausgeführt werden. In der Remise, dem ehemaligen Wagenschuppen der Grafen von Schönburg in der Vorburg, richtete man eine Turnhalle für die Schüler der Rochsburger Dorfschule ein. Mit der Kreisreform in Sachsen wurde Schloß Rochsburg 1952 an den Rat des Kreises Rochlitz übergeben.

Das Dach des Bergfrieds wurde 1953 neu gedeckt. Auch die Jugendherberge wurde in dieser Zeit renoviert und erweitert. Auch brachte man Mobiliar vom Hotel Astoria in Leipzig nach Rochsburg. Noch heute sind drei Kronleuchter aus den 1950er Jahren in den großen Sälen des zweiten Obergeschosses der Kernburg in Nutzung.

Dem politischen Verständnis der Zeit entsprechend, wurde das Museum so umgestaltet, daß alles verschwand, was an die Familie von Schönburg und damit an die frühere Adelsherrschaft erinnerte. So wurden im Festsaal die historischen Wandmalereien mit dem Schönburgischen Wappen vernichtet oder überstrichen. Erst nachdem sich das Geschichtsbild in den 1970er Jahren langsam normalisiert hatte, konnte im Museum die Geschichte der Grafen von Schönburg wieder erwähnt werden. Das Museum erfuhr eine Erweiterung in der ersten Etage des Nordflügels. Die 1973 durchgeführte Umgestaltung zu einem Museum, das die Lebensweise des Landadels zeigt, ist bis heute Grundstock der ständigen Ausstellung. Seit 1976 werden in der Kleine Galerie im Schloß wechselnde Kunstausstellungen gezeigt. 1984 mußte die Schloßkapelle wegen ihres baufälligen Zustands geschlossen werden. Leider bestand kein öffentliches Interesse an einer Veränderung dieser Situation. Deshalb gab es auch keine finanziellen Mittel oder Baukapazitäten, um dieses Kleinod des Schlosses zu restaurieren. Das Museum blieb bis 1989 der kleinere Nutzer im Schloß. Die Jugendherberge „Heinrich Heine", die zeitweise Platz für 150 Gäste bot, hatte nach den politischen Auffassungen der DDR immer Vorrang.

Erst mit der politischen Wende des Jahres 1989 wurde die kulturhistorische Bedeutung der Rochsburg wieder umfassend gewürdigt. Aus dem Besitz des Kreises Rochlitz ging das Schloß an den neugebildeten Landkreis Mittweida über. Als 1991 die ersten Mittel aus dem Fonds „Aufschwung Ost" flossen, konnte als erste große Baumaßnahme die Schloßkapelle vor dem Einsturz gerettet werden. Mit der Sanierung des besonders gefährdeten Gewölbes fanden die langen Jahre des Bangens ein dennoch gutes Ende. Die Restaurierung der Kapelle und des Altars dauerte sieben Jahre. Am 12. Dezember 1997, genau am gleichen Tag, als der Altar 1576 geweiht wurde, konnte die Kapelle wieder zur Besichtigung freigegeben werden. Seit 1993 wird die statisch-konstruktive Sicherung gefährdeter Bereiche des Schlosses Rochsburg kontinuierlich vorangebracht. Die Jugendherberge, mittlerweile auf 70 Plätze reduziert und in einem nicht mehr akzeptablen Ausstattungszustand, mußte 1998 schließen. Der Sanierungsbedarf war immens. Die dafür nötigen finanziellen Mittel konnten der Landkreis und das Jugendherbergswerk nicht mehr aufbringen. Außerdem waren die bisher genutzten Räume für einen Ausbau nach modernem Standard nicht geeignet. So ging die Geschichte der Rochsburger Jugendherberge nach fast siebzig Jahren zu Ende.

Der Bergfried mit seiner einzigartigen Einzeigeruhr konnte im gleichen Jahr nach Abschluß der Sanierung erstmals erschlossen werden. Auf diese Attraktion hatten die Besucher der Rochsburg viele Jahre warten müssen. Das Museum, nunmehr alleiniger Nutzer der Kernburg, erweiterte sich nach und nach in die oberen Etagen. Als 2003 eine neue Abteilung des Museums zu tausend Jahren Modegeschichte in der Dachetage eröffnet werden konnte, ging ein lang gehegter Plan in Erfüllung.

Das Museum verfügt über mehrere Abteilungen und Erlebnisbereiche. In der ersten Etage werden in sieben Stilzimmern historische Interieure aus der Zeit des 17. bis 19. Jahrhunderts gezeigt. Die ausgestellten Möbel stammen nur teilweise aus dem Schloß Rochsburg, vornehmlich aus dem 1911 gegründeten Museum, das den Grundstock der Sammlung bildet. Ein großer Teil des Bestandes wurde aus anderen Schönburgischen Schlössern und anderen Herrschaftssitzen übernommen. An den Wänden sind Porträts der Herren und Grafen von Schönburg zu sehen. Während des Rundganges erleben die Besucher auch interessante architektonische Baudetails, zum Beispiel den Großen Wendelstein vom Ende des 15. Jahrhunderts sowie in der Renaissance und im Frühbarock eingebaute steinerne Türgewände aus Rochlitzer Porphyrtuff mit originalen Intarsientüren. Die spätgotischen profilierten Balkendecken aus Lärchenholz sind bis in die Dachetage erhalten. Diese Decken waren nie farbig gefaßt, sind in der ersten Etage aber mit einem ins Holz geritzten Streifenmuster versehen – eine Verzierungsform, die eigentlich in Tirol beheimatet und für unserer Gegend ungewöhnlich ist.

Von der einstigen Ausstattung der Säle in den oberen Etagen blieb wegen weitreichender Hausschwammschäden kaum etwas erhalten. Der große Festsaal im 2. Obergeschoß bekam nach seinem Umbau im 19. Jahrhundert eine reiche Ausmalung. Das dokumentieren heute nur noch zwei Fotografien des Baumeisters Reinhold Ulrich, denn die Ausmalung wurde 1929 beseitigt. Jetzt befindet sich in diesem Saal die Kleine Galerie, in der wechselnde Kunstausstellungen gezeigt werden.

Schloß Rochsburg. Linolschnitt von Helmut Bock, um 1980

Mit Sonderführungen können die Besucher der Rochsburg die Schloßkapelle St. Anna mit dem Altar des Bildhauers Andreas Lorenz besichtigen. Die neben der Kapelle befindliche Gruft der Grafen von Schönburg ist vielen früheren Gästen der Rochsburg in nachhaltiger Erinnerung. Die in der Gruft aufbewahrten neun Särge verkörpern bis auf den heutigen Tag den Zeitgeist des 18. und 19. Jahrhunderts, als man die verstorbenen Verwandten immer in der Nähe behalten wollte. Es gibt viele Legenden um die sogenannten „Mumien von Rochsburg", die sich hartnäckig halten. Die Leichname wurden einst mumifiziert. Nach Entnahme der rasch verwesenden Eingeweide hat man die Körper ausgetrocknet, danach mit Stroh ausgestopft und schön bekleidet in die Särge gebettet. Durch das konstante Raumklima in der Rochsburger Gruft haben sich die Leichname seit über 200 Jahren gut erhalten. Leider entstanden durch das pietätlose Öffnen der Särge durch alliierte Truppen nach dem Zweiten Weltkrieg und in den darauffolgenden Jahren bis 1968 einige Schäden. Dennoch ist die Rochsburger Gruft, deren Sanierung mit dem Kapellennebenraum in den nächsten Jahren geplant ist, eine kulturgeschichtlich interessante Sehenswürdigkeit geblieben.

Eine Attraktion ist der 42 m hohe Bergfried, dessen unterer Teil aus dem 12. Jahrhundert stammt. Als ältestes steinernes Gebäude der Burg einst freistehend, wurde der Turm im

15. Jahrhundert in den Ostflügel des Schlosses integriert und aufgestockt. Beim erneuten Umbau um 1620 erhielt der Turm zwei zusätzliche Geschosse und seine markante geschweifte Dachhaube. Aus dieser Zeit stammt auch die Einzeigeruhr, deren Uhrwerk mit zwei Glocken ausgestattet ist. Die Stundenglocke aus dem Jahr 1620 sieht man vom Hof aus. Die Viertelstundenglocke ist eine umgebaute Läuteglocke aus dem Jahr 1473, die in einer Mauernische hängt. Das Uhrwerk war um 1900 zu einer Zweizeigeruhr umgebaut worden, die nie richtig funktionierte. Erst bei der Sanierung des Bergfrieds wurde das noch original erhaltenen Uhrwerk wieder in den ursprüngliche Zustand zurückgebaut. Jetzt schlägt die Uhr in alter Schönheit und Pünktlichkeit den Gästen der Rochsburg die Viertel- und vollen Stunden.

In den kommenden Jahren wird das Museum neue Ausstellungen im zweiten Obergeschoß des Nordflügels und im Keller des Westflügels einrichten. Dann können die Gäste die Kernburg vom Keller bis zum Dach besichtigen.

Anmerkung

Verschiedene Angaben sind aus Gedächtnisprotokollen älterer Rochsburger Bürger übernommen, die ich seit 1972 zusammengetragen habe. Leider fehlten diesen Erinnerungen oftmals ganz genaue Jahresangaben, so daß ich diese nicht immer exakt benennen kann.

Schloß Rochsburg und der sächsische Schloßbau des 15. und 16. Jahrhunderts

Matthias Donath

Schloß Rochsburg, gelegen auf einem steil abfallenden Felssporn hoch über der Zwickauer Mulde, bietet mit seinen Giebeln, Mauern und Wehrgängen, der Kuppelhaube des Bergfrieds und dem vorgelagerten Pulverturm ein malerisches Bild. Erst wenn man den Schloßhof betreten hat, merkt man, daß die Burg nach einem ganz regelmäßigen Grundriß angelegt ist. An der höchsten Stelle des Bergsporns breitet sich eine Vierflügelanlage aus, die einen rechteckigen Innenhof umschließt. Die vier Flügel sind gleich hoch und ähnlich gestaltet. An der Westseite schließt sich der dreieckige Wirtschaftshof an, der etwas niedriger liegt und an den Längsseiten von zweigeschossigen Gebäuden begrenzt wird. Dort, wo die Wirtschaftsgebäude zusammentreffen, steht der Pulverturm.

Mit dem regelmäßigen Grundriß und dem einheitlichen Erscheinungsbild der zugehörigen Gebäude unterscheidet sich Schloß Rochsburg erheblich von mittelalterlichen Burgen. Der repräsentative Charakter der allseits geschlossenen Vierflügelanlage macht deutlich, daß wir hier ein neuzeitliches Schloß vor uns haben, einen repräsentativen Herrschaftssitz, bei dem die militärische Bedeutung zugunsten der Wohnnutzung in den Hintergrund getreten ist. Die Entwicklung vom wehrhaften Verteidigungsbau zur wohnlichen und repräsentativen

Schloß Rochsburg. Luftaufnahme nach 1933

Residenz, die sich im späten Mittelalter vollzog, läßt sich in Rochsburg anschaulich nachvollziehen. Die sächsischen Schlösser des ausgehenden 15. Jahrhunderts hatten an dieser Entwicklung einen gewichtigen Anteil. In Sachsen bildeten sich damals die Architekturelemente
heraus, die den deutschen Schloßbau des 16. und 17. Jahrhunderts prägen sollten.

Es wundert nicht, daß der moderne Schloßbau in Sachsen entstand, denn das Herrschaftsgebiet der Wettiner war im ausgehenden 15. Jahrhunderts das wirtschaftlich stärkste Land im
deutschen Reich. Die materielle Grundlage waren die Silberfunde im Erzgebirge. Die Ent-
deckung großer Silbervorkommen am Schneeberg 1470 löste einen wirtschaftlichen Aufschwung aus, der die Gesellschaft in allen Bereichen modernisierte. Die sächsischen Landesherren aus dem Haus Wettin haben diese Entwicklung bewußt gefördert. Damals regierten
die beiden Brüder Kurfürst Ernst († 1486) und Herzog Albrecht († 1500). Diese vereinbarten 1485 die Aufteilung ihres Herrschaftsgebiets. Dabei kam die Mark Meißen größtenteils an
Herzog Albrecht. Rochsburg war seit 1458 in wettinischem Besitz. 1470 verpfändeten Kurfürst Ernst und Herzog Albrecht das Amt Rochsburg an ihren Obermarschall Hugold von
Schleinitz, der sogleich eine großangelegte Baumaßnahmen durchführen ließ.

Das spätgotische Schloß

Die bauliche Gestalt des Schlosses Rochsburg ist stark durch die spätgotische Bauepoche
geprägt. Die Vierflügelanlage, die den oberen Schloßhof umgibt, aber auch die Wirtschaftsbauten der Vorburg gehen auf einen gründlichen und umfangreichen Ausbau der
Burg zurück, den der Baumeister Arnold von Westfalen mit Wissen und Willen der sächsischen Landesfürsten Kurfürst Ernst und Herzog Albrecht für den Obermarschall
Hugold von Schleinitz durchführte. Die erhalten gebliebenen Rechnungen, aufbewahrt
im Hauptstaatsarchiv in Dresden, berichten über den Bauverlauf (Loc. 10361, „Ver-
mergkht den baw am Schloss zw rochspergkh durch Haugolten von Sleynitz die czeit ober-
marschalh mit wissen und willen der Durchlauchten etc.").

Arnold von Westfalen

Der aus einer Leipziger Bürgerfamilie stammende Arnold von Westfalen war der
bedeutendste sächsische Baumeister des 15. Jahrhunderts. Kurfürst Ernst und Herzog
Albrecht beriefen ihn 1471 zum obersten landesherrlichen Werkmeister. Damit wurde erstmals eine staatliche Bauverwaltung geschaffen. Im Juni 1471 begann man unter
seiner Leitung mit dem spätgotischen Neubau des Meißner Schlosses, der Albrechtsburg, wie sie seit 1676 genannt wird. In Meißen schuf Arnold von Westfalen innovative
und wegweisende Bauformen, die die Architektur dieser Zeit revolutionierten. Er entwickelte das Wandpfeilersystem, das es ermöglichte, glatte Fassaden mit großen Fensteröffnungen auszubilden. Zu den typischen Bauformen Arnolds gehören Vorhang-
bogenfenster und Zellengewölbe. Nach französischen Vorbildern stattete er das Meiß-

ner Schloß mit einem prächtigen Wendeltreppenturm aus, für den er aber eine neuartige statische Konstruktion und Gestaltung erfand.

Die neue spätgotische Formenwelt blieb nicht auf Meißen beschränkt, denn Kurfürst
Ernst und Herzog Albrecht ließen auch andere, verstreut im ganzen Land liegende Herr-
schaftssitze modernisieren. Das Dresdner Schloß wurde zu einer stattlichen Vierflügelanlage
ausgebaut, in Schweinitz und in Belzig gaben die Landesherren kleinere Jagdschlösser in Auftrag, in Grimma und Rochlitz entstanden moderne Residenzen, wobei ältere Bauteile erhalten blieben. Meister Arnold war für diese landesherrlichen Bauten zuständig, auch wenn er
nicht immer vor Ort anwesend sein konnte. Er entwickelte die Pläne, beaufsichtigte die ihm
unterstehenden Werkleute und reiste von Meißen aus, wo er eine Dienstwohnung besaß, zu
den Baustellen. Das betraf auch große Kirchenbauten, die von Ernst und Albrecht gefördert
wurden. Arnold von Westfalen entwarf die zweitürmige Westfront des Meißner Doms. Nach
seinen Plänen wurde das dritte Turmgeschoß ausgeführt. In Rochlitz hat der Baumeister vermutlich die Einwölbung der Kunigundenkirche geleitet.

Arnold von Westfalen erhielt als landesherrlicher Beamter Wochenlohn und ein Jahr-
geld und zweimal jährlich ein Hofgewand, außerdem wurden ihm kostenfreie Verpflegung
und die Nutzung eines Pferdes zugesichert. Mangels Bargeld wurde ihm 1473 ein Haus in
Leipzig verpfändet. Der Baumeister heiratete die aus dem niederen Adel stammende Mar-
garete Rülcke und kaufte 1479 das Rittergut Langenau bei Freiberg.

Der oberste sächsische Werkmeister konnte die Fertigstellung seiner Bauten nicht erleben, denn er starb nach längerer Krankheit gegen Jahresende 1481, zehn Jahre, nachdem
er sein Amt angetreten hatte. Die Steinmetze und Baumeister, die Arnold nach Meißen
geholt und dort ausgebildet hatte, verbreiteten die für ihn charakteristischen spätgotischen
Bauformen in Sachsen und in den umliegenden Ländern.

Die Bauarbeiten am Schloß in Rochsburg dauerten von 1470 bis 1482. Arnold von Westfalen konnte sich nicht ständig vor Ort aufhalten, denn er hatte zahlreiche andere Bauvor-
haben in Sachsen zu betreuen. Er reiste aber zwischen 1472 und 1475 mehrmals nach Rochsburg, um die Arbeiten zu beaufsichtigen. Die Reisekosten wurden ihm ersetzt. 1472/73 wurden ihm 1 Schock 15 Groschen ausbezahlt, „das ehr zu und abe geritten ist". 1475 arbeitete
Meister Arnold selbst eine Woche lang auf der Baustelle mit. Daß die Baupläne auf Arnold von
Westfalen zurückgehen, beweist die für ihn typische Architektursprache.

1471 schrieb Hugold von Schleinitz an den Rat von Mittweida, Meister Arnold sei „der
tuglichste und behendeste werkmeister uf steinwerk und mauern zu machen", der er je
gekannt habe. Der Baumeister war auch in Kriebstein für Hugold von Schleinitz tätig.
1472/73 wurde ein Fenstergewände, das für Schloß Rochsburg bestimmt war, in Kriebstein
behauen und dann nach Rochsburg gebracht.

Unter Leitung von Meister Arnold wurden die älteren Bauteile des Herrschaftssitzes so
ergänzt und erweitert, daß eine geschlossene Vierflügelanlage mit einem rechteckigen

Innenhof entstand. Der runde Bergfried blieb erhalten. Er wurde in den Ostflügel des neuen Schlosses integriert. An der Südostecke konnte die Alte Kemenate stehen bleiben. Der mittelalterliche Wohnturm vermittelt zum Südflügel, der ebenso wie der Westflügel vollkommen neu aufgeführt wurde. An der Nordseite blieb ein romanisches Gebäude stehen, das jedoch umgebaut und aufgestockt wurde. Die Einbindung älterer Bauteile brachte erhebliche Vorteile. Die Baukosten konnten niedrig gehalten werden, man verbrauchte weniger Material, und die gesamte Vierflügelanlage war schneller vollendet. Darunter litt freilich die angestrebte Einheitlichkeit. Der Grundriß des Schlosses ist annähernd regelmäßig, zeigt aber einige Abweichungen. Im Norden knickt die Fassade ab, weil ältere Mauern verwendet wurden. Die bogenförmig verlaufende Außenwand des Ostflügels folgt der mittelalterlichen Ringmauer. Die Alte Kemenate ragt mit einer Ecke in den Innenhof hinein. Der Westflügel beschreibt ein gleichmäßiges Rechteck, denn dort hatte man nicht auf ältere Bauteile Rücksicht nehmen müssen.

Anhand der Rechnungen läßt sich die Bauabfolge gut nachvollziehen. Die Schloßkapelle wurde 1470 unterkellert und anschließend ausgebaut. Die Arbeiten am Westflügel begannen im gleichen Jahr. Außenmauern und Haupttreppe wurden in nur wenigen Jahren errichtet. 1474 erhielt der Westflügel eine Dachdeckung aus Dachziegeln mit bleivergossenen Kehlen. Für die Dachdeckerarbeiten gab man 5 ½ Schock Groschen aus. Am Ostflügel, der die

Schloß Rochsburg. Tunneltor mit Torflügel von 1476. Aufnahme 2005

Schloßküche aufnahm, wurde 1472/73 verstärkt gearbeitet, während das Brau- und Backhaus im Südflügel 1475 fertiggestellt werden konnte. Im gleichen Jahr wurden die für den Küchenherd bestimmten Steine angeliefert. Die Vierflügelanlage um den oberen Schloßhof war 1475 soweit fertiggestellt, daß der Innenausbau angegangen werden konnte. Der Glaser erhielt drei Kisten mit „venedigsch Scheibenglas", also mit Butzenscheiben, wobei für neuntausend einfache Scheiben 24 Schock Groschen und für 32 Scheiben Tafelglas 1 Schock 17 Groschen zu zahlen waren. Ein Tischler stellte Betten und Tische her, der Schlosser lieferte Bänder, Schlösser und Haken. Im Westflügel begann man, Öfen zu setzen. In den Rechnungen von 1477 bis 1479 werden die Kosten für den Innenausbau der Alten Kemenate abgerechnet. Auch an den Wirtschaftsbauten im unteren Schloßhof war man eifrig tätig. Deren Mauern wurden 1476 aufgeführt. Im gleichen Jahr konnte der Torflügel des oberen Tores mit Eisenblech beschlagen werden. Der Torflügel des Hauptores wurde 1482 angefertigt. 1481 dielte der Tischlermeister die Hofstube im Westflügel.

Der Bergmeister Tonwenzel aus Freiberg wurde dafür entlohnt, den Brunnen tiefer auszubauen. Bis 1475 konnte er ihn um elf Lachter (etwa 22 m) vertiefen. 1474 kaufte man ein Brunnenseil für einen Schock Groschen, das aber nicht genügte, denn 1476 wurde eine dreimal so teure eiserne Brunnenkette angeschafft. Zusätzlich legte man zwischen 1476 und 1481 eine Rohrwasserleitung von der Mulde zum Schloßhof an. Das war sehr aufwendig und kostspielig. Die Holzrohre, die man zuerst verlegt hatte, hielten dem Wasserdruck nicht stand, so daß Bleirohre angefertigt werden mußten. Das Wasser floß in einen Rohrkasten im Schloßhof. Diese aus Blei gegossenen Rohrleitungen lieferte Heinrich Kannengießer aus Dresden. Der Metallhandwerker und Geschützgießer war auf mehreren Baustellen tätig. Er lieferte 1475 die Wasserleitungen für das spätgotische Schloß in Dresden, fertigte 1483 den Knauf des Kapellenturms der Meißner Albrechtsburg und goß 1491 die Glocken der Dresdner Kreuzkirche.

Die Baumaßnahmen erstreckten sich auch auf das Vorfeld der Schloßanlage. Im Dorf Rochsburg wurde das Vorwerk, das spätere Rittergut, modernisiert und ausgebaut. Man baute Scheunen und Schweineställe für den landwirtschaftlichen Betrieb.

Der gewöhnliche Mauerstein war Bruchstein, der aus der Gegend um Rochsburg kam und von Steinbrechern gegen Wochenlohn gebrochen und angefahren wurde. Die Fenstergewände, Treppenstufen und Gesimse wurden aus Rochlitzer Porphyrtuff hergestellt, den man vom Rochlitzer Berg bezog. Der hell- bis dunkelrote Stein wurde vor Ort behauen. Die Steinmetze arbeiteten in einer „Steinhütte" auf dem Schloßgelände. Diese war aus Holz gebaut und mit Schindeln gedeckt, denn 1470 wurden Pfosten und Bretter zu ihrer Errichtung in Rechnung gestellt. Die Steinmetze bezogen einen Wochenlohn. 1470 arbeiteten sechs Steinmetze 17 ½ Wochen nach Sommerlohn und 16 ½ Wochen nach Winterlohn. 1472/73 waren es sieben Personen, die 33 Wochen nach Sommerlohn und 20 Wochen nach Winterlohn bezahlt wurden. Einzelne Leistungen wurden im Stücklohn verdingt. 1474 arbeitete ein Steinmetz 17 Wochen lang, „etzlich krackhstein zuhawen und tritte in den keller und ettlich syms zumachen". Diese Arbeit hatte Meister Arnold für 3 Schock 14 Groschen vergeben. Einen ungewöhnlich hohen Lohn bezog 1482 der Steinmetz Jorge von Rochlitz. Er bekam für 1 ½ Wochen für sich allein 40 Groschen.

Schloß Rochsburg. Wendelstein im Westflügel. Aufnahme 2001

Das Treppenhausportal des Westflügels zeigt, daß Arnold von Westfalen Steinmetze aus Rochlitz beschäftigt hat. Das Sitznischenportal schließt mit einem geschwungenen Kielbogen ab, während über den seitlichen Gewändenischen filigrane Baldachine ausgebildet sind. Das entspricht überhaupt nicht der Gestaltungsweise des Arnold von Westfalen, sondern dem, was wir von der Kunigundenkirche in Rochlitz kennen. Dort wurde in der Mitte des 15. Jahrhunderts eine prächtige Schaufassade errichtet, die mit Kielbögen und Maßwerkblenden überzogen ist. Der Bildhauer, der das Portal schuf, scheint dort seine Ausbildung erhalten zu haben. Alle anderen spätgotischen Fenster und Portale zeigen aber die typische Formenwelt Arnolds. Die Gewände sind tief gekehlt, wobei sich die hervortretenden Stege an den Ecken oder im Bogenscheitel überkreuzen. Meister Arnold verwendete rechteckige Fenster. Nur das Durchreichefenster der Küche ist bogenförmig gestaltet.

Die Bauverwaltung hatte nicht nur das Baugestein, sondern auch Eisen, Blei, Kupfer, Ton, Holz und Bretter einzukaufen. Kalk wurde in ansehnlichen Mengen aus Geithain, gelegentlich auch aus Auerswalde bezogen. Aus Zwickau bestellte man ein Fuder Tünchkalk. Das benötigte Holz wurde von Zimmerleuten gefällt und behauen. Die Zimmerer stellten die Decken- und Dachbalken her und bauten alle erforderlichen Lehren („bogestelle"). 1472 bis 1475 arbeitete Zimmermeister Erhard Braun auf der Baustelle. Die Balken und Werksteine wurden mit einem Kran versetzt. Das belegt ein Rechnungseintrag von 1472/73, in dem drei Kefferseile (Kranseile) berechnet werden.

Die Mauer- und Dachziegel kamen von einer eigens angelegten Ziegelei in Rochsburg. 1471 errichteten Zimmerleute die Ziegelscheune, in der die Ziegel geformt und gebrannt wurden. Ziegler gruben den Lehm. 1480/81 wird der Ziegelstreicher Meister Mathes in den Baurechnungen genannt.

Die Leistungen wurden meist durch einen Wochenlohn vergütet, der am Ende der Woche ausbezahlt wurde. 1475 erhielt Meister Arnold in Rochsburg einen Wochenlohn von 15 Groschen. In Meißen betrug sein Wochenlohn zunächst 12 Groschen 9 Pfennig, ab 1477 aber ebenfalls 15 Groschen. Der Polier, der die Maurer anleitete, wurde mit 12 Groschen entlohnt. Die Steinmetzgesellen, Zimmerleute und Maurer bezogen 10 Groschen Wochenlohn. Die Helfersknechte, die Steine und Kalk heranschafften, Schutt abführen oder Lehm gruben, bekamen 6 Groschen in der Woche, manchmal aber auch weniger. Zusätzlich zum Lohn gab es Kostgeld. Jeder erhielt in der Woche 5 bis 6 Groschen, um sich zu verköstigen. Auch Badegeld und Trinkgeld wurden ausgegeben. Die Bauern aus der Herrschaft Rochsburg, die Frondienste leisteten, bekamen keinen Lohn, dafür aber Kostgeld. Die Bauleitung mußte für die Herstellung und Ausbesserung aller erforderlichen Werkzeuge aufkommen. Ein Schmied hatte die Geräte zu schärfen und auszubessern.

Die Wagenfuhren machten einen erheblichen Teil der Baukosten aus. Der Fuhrlohn für einen Wagen mit vier Pferden und zwei Personen betrug wöchentlich 48 Groschen, dazu kamen noch für jeden Wagenknecht 5 Groschen Kostgeld. Unverhältnismäßig teuer war die Anlieferung eines behauenen Fensters aus Kriebstein. Während das Fenstergewände „nach dem geding zu hawen zum kribenstein" 2 Schock 40 Groschen an Arbeitslohn kostete, mußten für den Transport nach Rochsburg 2 Schock 24 Groschen ausgegeben werden.

Schloß Rochsburg. Balken mit Schiffskehlenprofilen im Dachgeschoß des Westflügels. Aufnahme 2005

Auf der Baustelle waren immer um die dreißig Bauhandwerker tätig. 1470 arbeiten gleichzeitig sechs Steinbrecher, sechs Steinmetze, drei Maurer, sechs Helfersknechte, sechs Zimmerleute und zwei Vorarbeiter, 1480 sechs Steinbrecher, vier Maurer, acht Helfersknechte, fünf Zimmerleute, zehn Ziegelstreicher, acht bis neun Vorarbeiter und vier Wagenknechte. Hinzu kamen die Frondienstleistenden, deren Zahl jedoch nicht überliefert ist.

Die gesamten Baukosten betrugen für das Schloß ungefähr 2.900 Schock Groschen und für das Vorwerk 112 Schock Groschen. Das sind umgerechnet etwa 8.600 Gulden. Die Summe ist angesichts des Bauvolumens relativ gering. Das deutlich kleinere Bischofsschloß in Wurzen, das 1491 bis 1497 für Bischof Johannes VI. von Salhausen erbaut wurde, kostete immerhin 14.000 Gulden. Die Baukosten spielten eine Rolle, als Herzog Albrecht die verpfändete Herrschaft Rochsburg wieder einlösen wollte. Hugold von Schleinitz forderte neben der vereinbarten Summe eine zusätzliche Entschädigung für die aufgewendeten Baukosten. Der Betrag konnte offenbar kräftig heruntergehandelt werden. Nach dem Schiedsspruch im März 1488 zahlte Herzog Albrecht 4.000 Gulden für die Auslösung der verpfändeten Herrschaft Rochsburg und nur 4.000 Gulden für die Baumaßnahmen.

Herzog Albrecht von Sachsen übernahm 1488 eine voll ausgebaute Vierflügelanlage mit den herrschaftlichen Wohnräumen und einen vorgelagerten Wirtschaftshof. Die vier Schloßflügel hatten wahrscheinlich eine einheitliche Traufhöhe. Auf der Hofseite des Westflügel sind die spätgotischen Traufsteine in voller Gebäudebreite erhalten geblieben. Die Dächer waren mit Dachziegeln gedeckt. Ob es Giebel oder Zwerchhäuser gab, ist nicht bekannt. Auch über den spätgotischen Turmabschluß des Bergfrieds läßt sich nichts sagen.

Innen nahm das spätgotische Schloß alle Raumfunktionen auf, die für eine neuzeitliche Residenz erforderlich waren. Im ersten Obergeschoß des Westflügels war die Hofstube eingerichtet. Darüber lag der große Saal. Die Küche war nicht unmittelbar neben der Hofstube abgeordnet, wie es allgemein üblich war, sondern aus baulichen Gründen im Erdgeschoß des gegenüberliegenden Ostflügels. Die Gottesdienste der Hofgesellschaft wurden in der Schloßkapelle abgehalten. Die vorgelagerten Wirtschaftsgebäude enthielten Pferdeställe, Remisen und alle sonst nötigen Wirtschaftseinrichtungen.

Der Bautyp der Schloßanlage

Die Rochsburg ist ein Schloß des Kastelltyps. Bei diesem Bautyp, der sich im sächsischen Schloßbau um 1470/80 herausbildete, umschließen die Gebäudeteile einen quadratischen oder rechteckigen Innenhof. Schloß Rochsburg gehört zu den frühesten Beispielen dieses Bautyps in Sachsen.

Die Rochsburger Schloßanlage läßt sich mit dem spätgotischen Schloß in Dresden vergleichen. Auch dort wurden ältere Bauteile so erweitert, daß eine annähernd einheitliche Vierflügelanlage entstand. Die überlieferten Rechnungen belegen Baumaßnahmen in den Jahren zwischen 1469 und 1480, wobei Arnold von Westfalen die Aufsicht innehatte. Über das Aussehen des spätgotischen Schlosses sind wir gut informiert, denn ein Holzmodell, angefertigt um 1530, zeigt den damaligen Bauzustand. Wie in Rochsburg wurden ältere Bauteile, zum Beispiel der aus dem 14. Jahrhundert stammende Hausmannsturm, in die Vierflügelanlage integriert. Dennoch wirkt die Residenz sehr einheitlich. Alle Flügel wurden soweit es ging auf die gleiche Traufhöhe gebracht. Das Satteldach, das drei der vier Gebäudeteile überdeckt, wirkt durch die übereinstimmende Firsthöhe und die regelmäßig angeordneten Zwerchhäuser als verbindendes Element. Man kann deutlich erkennen, daß Arnold von Westfalen in Dresden und Rochsburg das gleiche Konzept verfolgte. Das Schloß in Dresden ist in dieser Form nicht erhalten geblieben, denn es wurde unter Kurfürst Moritz 1548–1556 im Renaissancestil umgebaut.

Auch die Moritzburg in Halle greift den Kastelltyp auf. Die erzbischöfliche Residenz wurde zwischen 1484 und 1503 für Erzbischof Ernst von Magdeburg, den Bruder Kurfürst Friedrichs des Weisen, errichtet. Die Vierflügelanlage ist von einem breiten Burggraben umgeben. An den Ecken sind mächtige Rundtürme angeordnet. Die Schloßkapelle ist in den Nordflügel integriert, während ein Torturm den Hauptzugang im Osten markiert. Die Moritzburg in Halle wurde im Dreißigjährigen Krieg zerstört. West- und Nordflügel sind als Ruine erhalten.

Nach der sächsischen Landesteilung ließ Kurfürst Friedrich der Weise in Wittenberg eine prächtiges Schloß erbauen, das in stark veränderter Gestalt erhalten ist. Mit dem Bau wurde

Dresden, Modell des spätgotischen Schlosses, um 1530

1489 begonnen. 1494 waren wesentliche Teile der Schloßanlage fertiggestellt, während sich die Ausgestaltung der Innenräume bis 1507 hinzog. Das spätgotische Hauptschloß umgibt mit drei Flügeln einen rechteckigen Innenhof. An der Ostseite stand ursprünglich das Vor-schloß, das aus Wirtschaftstrakt, einem Querflügel mit Stallungen und dem Zeughaus bestand. Haupt- und Vorschloß bildeten zusammen eine allseits umbaute Rechteckanlage, so daß auch hier vom Kastelltyp zu sprechen ist. Diese Disposition entspricht ungefähr der Rochsburg, denn auch dort ist dem Hauptschloß ein Wirtschaftshof vorgelagert. Die funktio-nale Aufteilung in Wohn- und Wirtschaftsbereich läßt sich nicht nur in Wittenberg und Rochsburg beobachten, sondern auch in Dresden, wo dem Renaissanceschloß der Stallhof mit dem Stallgebäude vorgelagert ist.

Im 16. Jahrhundert verbreiteten sich der Kastelltyp in ganz Deutschland. Mit Schloß Hinterort in Mansfeld wurde 1511–1523 eine stattliche Vierflügelanlage errichtet. Eine große Bedeutung hatte das 1548–1556 erbaute Renaissanceschloß in Dresden. Die reich dekorierte Vierflügelanlage beeinflußte zahlreiche Schloßbauten der zweiten Hälfte des 16. Jahrhunderts, so daß der Kastelltyp eine überregionale Verbreitung erlangte. Beispiele sind das Alte Schloß in Stuttgart (1553–1578), das Schloß in Güstrow (1558–1570), Schloß Augustusburg bei Chemnitz (1568–1573) oder das kurfürstliche Schloß in Aschaf-fenburg (1605–1614).

Schloß und Schloßkirche zu Wittenberg. Ausschnitt aus einer Stadtansicht von 1611

Woher stammt der Bautyp der Vierflügelanlage, der in Sachsen bereits um 1470/80 voll ausgebildet war? Auf einheimische Vorbilder konnte man nicht zurückgreifen. Der sächsische Schloßbau des 15. Jahrhunderts beruht einerseits auf lokalen Bautraditionen, andererseits aber auf französischen Einflüssen, die sich wohl auch auf den Bautyp ausgewirkt haben. In Frankreich gab es seit dem 12. Jahrhundert quadratische und rechteckige Burgen mit umlaufenden Ringmauern und Ecktürmen, wobei sich einzelne Gebäude an die Ringmauer anlehnen konnten. Zum Beispiel beschrieb die Ringmauer des Louvre in Paris, erbaut um 1200, ein regelmäßiges Quadrat. Für die Ausbildung des Kastelltyps war die päpstliche Burg Villandraut (Gironde) bedeutsam, die zwischen 1305 und 1309 entstand. Der Hof der rechteckigen Burg war an drei Seiten von einer geschlossenen Bebauung umgeben, so daß erstmals eine Dreiflügelanlage als fortlaufende Baueinheit ausgebildet war. An der vierten Seite stand ein mächtiger Torbau mit halbrunden Turmvorlagen. Aus dem Bautyp, der in Villandraut anzutreffen ist, entwickelte sich die vierseitig umbaute Kastellanlage mit rechteckigem Innenhof, vier Wohnflügeln und runden Ecktürmen. Beispiele des 15. Jahrhunderts sind die Schlösser Le Plessis-Bourré (1468–1474) und das Schloß Le Verger (um 1500). Die sächsischen Schlösser des Kastelltyps scheinen von französischen Burgen dieser Art beeinflußt zu sein. Es ist anzunehmen, daß der Baumeister Arnold von Westfalen selbst für einige Zeit in Frankreich gewesen war.

Wegweisende Ideen

Die sächsischen Schlösser des späten 15. Jahrhunderts zeichnen sich durch eine zunehmende Regularisierung und Vereinheitlichung aus. Ausdruck dieses Bestrebens ist das Zusammenfügen älterer Bauteile zu einer geschlossenen Vierflügelanlage mit einheitlichen Fassaden. Schloß Rochsburg ist ein frühes Beispiel dieser angestrebten Einheitlichkeit, denn es zeigt alle Merkmale, die man bei den Renaissanceschlössern des 16. Jahrhunderts finden kann: Die Geschosse sind durchgehend angelegt, die Trauf- und Firsthöhen der Gebäudeteile stimmen überein. Die Fassaden sind flächig gebildet und eher schmucklos. Das Erscheinungsbild des Schlosses wird vor allem von den gleichmäßig angeordneten Fenstern bestimmt. Den einfachen, glatten Wandflächen antwortet eine reich gestaltete Dachlandschaft mit Giebeln und Zwerchhäusern. Diese äußere Gestaltung war verbindlich für die wettinischen Schloßbauten des ausgehenden 15. Jahrhunderts.

Die meisten spätgotischen Schloßbauten in Sachsen sind an den typischen Vorhangbogenfenstern zu erkennen. Diese Fensterform hatte Arnold von Westfalen in Meißen entwickelt. In Rochsburg entschied sich der Baumeister jedoch für Rechteckfenster ohne Bogenabschluß. Am Westflügel sind diese ältesten spätgotischen Rechteckfenster erhalten geblieben. Die Profilausbildung der Fenstergewände stimmt mit den Vorhangbogenfenstern des Arnold von Westfalen überein. Vertiefte Kehlen und hervortretende Stege wechseln sich ab, wobei sich die Stege an den Ecken überkreuzen. Die meisten Fenster des Schlosses wurden in der Mitte des 16. Jahrhunderts erneuert. Am rechteckigen Fenstersystem, das zur Einheitlichkeit der Anlage beiträgt, hat man jedoch grundsätzlich festgehalten. Mit den spätgotischen Rechteckfenstern der Rochsburg ist das typische Erscheinungsbild der Renaissanceschlösser des 16. Jahrhunderts vorgeprägt.

Das Treppenhaus des Westflügels verdient besondere Beachtung, denn es verdeutlicht die künstlerische Leistungskraft des Arnold von Westfalen. Um die einheitliche Fassadenabwicklung der Vierflügelanlage nicht zu stören, wurde die Wendeltreppe in das Gebäude integriert und nicht, wie beim Wendelstein der Meißner Albrechtsburg, als Treppenturm der Fassade vorgesetzt. Von außen deutet nichts auf das Treppenhaus hin. Die Wendeltreppe entwickelt sich über einem quadratischen Grundriß, wobei die geschwungenen Stufen um eine rechteckige Treppenspindel laufen. Arnold von Westfalen wiederholte in Rochsburg das neuartige Konstruktionsprinzip seines Meißner Wendelsteins: Der Treppenturm besteht aus schlanken tragenden Pfeilern, die hier um den quadratischen Kern gruppiert sind. Durch die Ausbildung dieses inneren Gerüsts, das alle Kräfte ableitet, konnte die Wand des Treppenhauses zu den Innenräumen im ersten und zweiten Obergeschoß aufgebrochen werden. Zwischen den Pfeilern sind große unverglaste Öffnungen ausgebildet, über die Treppenhaus und Innenraum miteinander kommunizieren. Das Gehäuse ist unabhängig von der hofseitigen Außenwand. Das sieht man im zweiten Obergeschoß, wo der tragende Treppenhauspfeiler vor der Fensternische verläuft.

Die Werksteine bestehen aus Rochlitzer Porphyrtuff. Die reiche Profilierung mit Kehlen und vorgesetzten Stäben trägt zur festlichen Ausstrahlung der Haupttreppe bei. Die architek-

tonische Durchbildung des Treppenhauses war richtungsweisend, denn erst in der Mitte des
16. Jahrhunderts wurde es üblich, die Treppen innerhalb des Gebäudes und nicht in geson-
derten Treppentürmen anzuordnen.

Die Schloßkapelle St. Anna entstammt der spätgotischen Bauetappe unter Arnold von
Westfalen. Davon hat sich aber nur die hofseitige Fassade mit dem Portal und dem Maßwerkfenster erhalten. Das Gewölbe wurde erst 1522 eingezogen. Die Anordnung der Schloßkapelle neben dem Bergfried verdeutlicht das Bestreben, die Schloßanlage einheitlich zu
gestalten, denn der Sakralraum wurde so in den Ostflügel integriert, daß er sich der Vierflügelanlage unterordnet. Es handelt sich um einen rechteckigen Saal ohne Chorpolygon. An
der Außenseite weist nichts auf die Kapelle hin. Im Osten ist ein übliches Rechteckfenster
ausgebildet. Diese Disposition entspricht den protestantischen Schloßkapellen des 16. und
17. Jahrhunderts. Das wird deutlich, wenn man die Rochsburger Kapelle mit der 1544
geweihten Schloßkapelle in Torgau oder mit der 1548 angelegten Kapelle des Dresdner
Schlosses vergleicht. Die evangelischen Schloßkapellen des 16. Jahrhunderts besitzen immer
einen rechteckigen Grundriß, sie sind in einen Schloßflügel integriert und mit einfachen Fenstern versehen. Auf die sakrale Nutzung weist nur das geschmückte Portal hin. Dieser Bautyp
der protestantischen Schloßkapelle ist keine Neuerfindung der Renaissance. Die ab 1470 angelegte Rochsburger Kapelle zeigt, daß die architektonischen Merkmale schon im 15. Jahrhundert vorgebildet gewesen waren.

Schloß Rochsburg. Portal des Westflügels. Aufnahme 2005

Veränderungen im 16. und 17. Jahrhundert

Die spätgotische Bausubstanz der Rochsburg hat durch mehrere Brände gelitten. 1503 brach ein Brand aus, der Teile des Schlosses zerstörte. Unter Wolf von Ende wurde der Herrschaftssitz wieder instandgesetzt, um aber im Schmalkaldischen Krieg abermals niedergebrannt zu werden.

Die Brüder Hugo I., Georg I. und Wolf II. von Schönburg kauften 1548 die Herrschaft Rochsburg. Das niedergebrannte Schloß wurde sogleich wiederaufgebaut. Auf der Inschriftentafel in der Schloßkapelle heißt es, man habe den Bau 1548 begonnen und bis 1550 vollendet. Darüber hinaus sind Baurechnungen von 1548/49 sowie 1550 bis 1552 erhalten geblieben. Die Vierflügelanlage wurde in diesen Jahren wiederhergestellt und noch stärker als zuvor vereinheitlicht. Die alten spätgotischen Fenster wurden durch größere Doppelfenster ersetzt, die aus zwei miteinander verbundenen Rechteckfenstern bestehen. Die flache Profilierung ist typisch für das 16. Jahrhundert, aber die Profilüberschneidung, die man in den Ecken sehen kann, ist eine Reminiszenz an die spätgotischen Fenster des Arnold von Westfalen. Die Hofansicht wurde vor allem durch den runden Wendeltreppenturm verändert, den man 1552/53 an den Südflügel anfügte. Das Schloß erhielt ein durchgehendes Dach mit Schieferdeckung, das durch Zwerchhäuser gegliedert wird.

Insgesamt gab man 6.248 Gulden 5 Groschen und 8 Pfennig für die Baumaßnahmen aus. Dafür kaufte man Ziegel und Kalk, Holz und Nägel. Steinbrecher, Ziegelstreicher, Steinmetzen, Maurer, Maler, Tischler, Glaser, Zimmerleute und Schieferdecker mußten entlohnt werden. Nur wenige Bauleute sind namentlich genannt. Meister Oswald leitete die Maurerarbeiten. In drei Lieferungen wurden 31 300, 10 900 sowie 32 100 Ziegelsteine angekauft. Vom Rochlitzer Berg wurden 480 Werkstücke und dann nochmals 730 Werkstücke bezogen, darunter 160 lange Porphyrsteine für Gesimse und Abdeckungen. Die sehr hohe Werkstückanzahl ist damit zu erklären, um viele neue Fenstergewände auszuarbeiten waren. Für insgesamt 36 Groschen wurde zwei „Kempnitzer" Steine angeliefert. Gemeint ist Hilbersdorfer Porphyrtuff aus der Chemnitzer Gegend. Dieser Stein war besser zu bearbeiten, durch die langen Transportwege aber auch deutlich teurer. Die Inschriftentafel, die heute in der Schloßkapelle zu sehen ist, besteht aus Hilbersdorfer Stein. Tischler aus Glauchau fertigten die Fensterrahmen, Betten, Tische und andere Teile der Innenausstattung an. Insgesamt wurden 180 Fensterrahmen abgerechnet, die mit geschmiedeten Scharnieren und Riegeln zu versehen waren. Auch Eisengitter mußten angefertigt werden. Der Glaser erhielt acht Truhen Waldglasscheiben und fünf Truhen Butzenscheiben. Maler aus Chemnitz und Zwickau waren mit dem Austünchen der Innenräume beschäftigt. Töpfer stellten die Kachelöfen her, während ein Kesselflicker den Wasserkessel in der Badestube reparierte. Die Wasserleitung in den Schloßhof wurde ausgebessert.

Die Zwerchhäuser, die die Dachlandschaft zieren, wurden zwischen 1548 und 1550 errichtet. Die markanten Giebel bestehen aus einem rechteckigen Unterbau und einem dreieckigen Aufsatz mit runden Fensterluken. Die verputzten Giebelflächen sind durch Lisenen und Gesimse gegliedert, während andere Zierglieder wie etwa Voluten oder geschweifte Giebel-

Schloß Rochsburg. Dachlandschaft im Innenhof. Die Zwerchhausgiebel wurden um 1550 errichtet. Aufnahme 2005

flächen fehlen. Diese Gestaltung ist typisch für die Mitte des 16. Jahrhunderts. Die ersten Renaissancegiebel dieser Art entstanden nach 1520. Neben dem Canalettohaus in Pirna, Markt 7, ist auf die Görlitzer Häuser Brüderstraße 8 und Petersstraße 8 hinzuweisen. 1536 wurde das Melanchthonhaus in Wittenberg, Collegienstraße 60, mit Giebeln dieser Art versehen. Auch die Giebel am Rathaus in Plauen (1548), am Cranachhaus Markt 11 in Weimar (1549) und am Rathaus in Pulsnitz (um 1555) sind mit hervortretenden Lisenen geschmückt, um die sich feingliedrige Gesimse verkröpfen. In Rochsburg nehmen der Giebel des südlichen Wirtschaftsgebäudes und der Giebelkranz des Pulverturms diese Gestaltung auf. Ähnlich wie die Rochsburger Giebel sind die Zwerchhäuser des Schlosses Wildeck in Zschopau gebildet. Die Dachgestaltung dort entstand 1545 unter Herzog Moritz. Unten öffnen sich jeweils zwei rechteckige Fenstereinheiten, während oben winzige Rundfenster angeordnet sind.

Die Giebel der zweiten Hälfte des 16. Jahrhunderts sind meist als Schweifgiebel gestaltet und mit Voluten verziert. Man findet sie zum Beispiel am Dresdner Residenzschloß (1548–1556), am Rathaus zu Leipzig (1556–1557), an der Lichtenburg in Prettin (1565–1582) oder am Schloß Annaburg (1572–1578). In Rochsburg ist dieser Giebeltyp nicht anzutreffen.

Schloß Rochsburg. Stahlstich um 1870. Die malerisch wirkenden Anbauten, darunter Bastion und Torwächter-turm, wurden erst im 17. Jahrhundert hinzugefügt.

Am 7. August 1582 brach im Schloß abermals ein Brand aus, der nur den Bergfried, die Kapelle und die Wohnung des Schloßhauptmannes unversehrt ließ. Wolf III. von Schön-burg, der ein Jahr zuvor die Herrschaft Rochsburg übernommen hatte, ließ den beschä-digten Schloßbau wiederherstellen. Zwischen 1592 und 1596 gab er dafür 20 480 Gulden aus, den Wert der Frondienste nicht mitgerechnet. Die Holzbalkendecken mußten in allen Schloßflügeln neu errichtet werden. Dazu wurden 1 763 Baumstämme angeliefert. Die Deckenbalken sind mit Schiffskehlenprofilen versehen und unterscheiden sich dadurch kaum von den spätgotischen Decken, die im späten 15. Jahrhundert üblich waren. Zwischen 1596 und 1611 gab Wolf III. nochmals 8 519 Gulden aus. Diese Summe war vor allem für den Innenausbau bestimmt. Eine eher kleine Baurechnung von 1611/12 bezieht sich vornehmlich auf Dachreparaturen.

1620 bis 1624 richtete Johann Georg von Schönburg das Schloß wohnlich her. Er ließ ver-schiedene Anbauten an die Schloßflügel anfügen. Dadurch wurde die von Arnold von West-falen entwickelte Grundidee einer einheitlichen und regelmäßigen Vierflügelanlage teilweise aufgegeben. Johann Georg wollte ein möglichst malerisches Schloß haben. Am Haupttor ließ er einen zierlichen Turm errichten, der oben mit einer offenen Galerie versehen ist. An den Ostflügel fügte er eine vorkragende Rundbastion an, und an der Nordseite wurde der Nordwesteckturm errichtet. Es ist kurios, daß diese Bauteile, die den Herrschaftssitz als historisch gewachsene mittelalterliche Burg erscheinen lassen, erst aus dem 17. Jahrhundert stammen, während das spätgotische Schloß viel kompakter und einheitlicher angelegt war. Von den Anbauten hat man einen weiten Ausblick auf die Burg und die umgebende Landschaft.

1620 erhielt der Bergfried seine kuppelförmige Haube. Auch die Turmuhr wurde damals installiert. Insgesamt gab Johann Georg von Schönburg 5.646 Gulden für den Schloßumbau aus.

Mauern, Tore, Türme
Ein Schloßrundgang

Matthias Donath

Halsgraben und Tor

Die Burg wurde auf einem ungefähr 50 m hohen Bergsporn angelegt, der auf drei Seiten von der Zwickauer Mulde umflossen wird und dadurch eine natürliche Schutzlage besitzt. Die vierte Seite, zum Dorf Rochsburg hin, wurde durch einen in das Gestein hineingesprengten Halsgraben gesichert. Dieser zur Abschnittsverteidigung angelegte Graben ist 25 bis 30 m breit und bis zu 15 m tief. Vor dem Graben befindet sich ein aufgeschütteter Außenwall von 5 bis 10 m Breite, der zum Garten hin mit einer Bruchsteinmauer befestigt ist.

Um den Eingang zu erreichen, muß man zunächst eine ovale Vorbefestigung passieren, die wohl aus dem 17. Jahrhundert stammt. Das sogenannte Rondell besteht aus halbschalen-förmigen Mauerzügen, die mit Schießscharten versehen sind. Über den dahinterliegenden Halsgraben, der sich an dieser Stelle durch Aufschüttungen nicht in voller Tiefe erhalten hat, ist eine steinerne Bogenbrücke geführt.

Die Toranlage wurde im späten 15. Jahrhundert unter Arnold von Westfalen errichtet, seitdem aber mehrfach umgebaut. Die Zinnen über dem Torbogen stammen aus dem 19. Jahrhundert. Ursprünglich verlief dort ein Wehrgang. Das Tor besteht aus der eigent-lichen Tordurchfahrt und einer kleinen Schlupfpforte. Der mit Eisenblech beschlagene Tor-flügel, der den Zugang sicherte, wurde in den 1970er Jahren beseitigt und durch ein neues Holztor ersetzt. Die Baurechnungen berichten, daß das alte Tor 1482 aus zwölf Eichenholz-brettern gefertigt wurde. Die Bretter, die man aus Leipzig herbrachte, kosteten mit Fuhrlohn 1 Schock 14 Groschen und 13 Pfennig. Der Torflügel konnte durch einen eisernen Torriegel und eine zusätzlich einlegbare Sperrbalkenvorrichtung verschlossen werden. Die Riegel, Zap-fen, Ringe und Stangen des Tores und der vorgelegten Zugbrücke wurden aus Eisen gefertigt und ebenfalls 1482 abgerechnet. Die Schleifspuren des Riegels und der Zugbrücken-aufhängung sind noch heute auf der Innenseite des Tores zu sehen.

Das Tor wird durch einen gedrungenen Rundturm mit Kegeldach gesichert, der zur Nordwehrmauer überleitet. Während dieser Turm ins späte 15. Jahrhundert zu datieren ist, wurde der schlanke, hoch aufragende Torturm auf der anderen Seite erst im 17. Jahrhundert hinzugefügt. Eine Urkunde aus dem Turmknopf belegt, daß er 1623 unter Johann Georg von Schönburg errichtet wurde. Dieser hatte 1620 die Herrschaft Rochsburg übernommen. Im Torturm führt eine Wendeltreppe zur Turmstube, die von einer offenen Galerie umgeben ist.

Schloß Rochsburg. Rondell und Tor. Postkarte, nach 1933

Von hier hat man einen schönen Ausblick auf das Umfeld des Schlosses. Eine geschweifte Dachhaube vervollständigt das malerische Bild. Da der Torturm einzustürzen drohte, wurde der obere Teil 1836 abgetragen und dann in der alten Form wiederaufgebaut.

Die halbrunde Bastion neben dem Torturm geht ebenfalls auf Johann Georg von Schönburg zurück. Auch sie besaß eine auskragende hölzerne Galerie und ein geschweiftes Dach. Die Aufbauten wurden jedoch um 1800 entfernt, als man auf der Bastion einen offenen Altan anlegte. Auch der Übergang, der vom Torturm zum Nordflügel des Schlosses führt, wurde im 19. Jahrhundert erneuert.

Wehrgang und Nordzwinger

Die mittelalterliche Burganlage hatte eine starke Befestigung, die den Zugang erschwerte und eine sichere Verteidigung ermöglichte. Davon künden noch heute der Nordzwinger mit seinem Wehrgang sowie der Südzwinger.

Hinter dem Tor ist ein breiter Zwinger ausgebildet, den man zunächst passieren muß, um den unteren Schloßhof zu erreichen. Er wird von einer Bruchsteinmauer, die dem Nordflügel

Schloß Rochsburg. Nordwehrgang und Tor. Aufnahme 2005

des Schlosses vorgelagert ist, und von einem Wehrgang begrenzt. Die Wehrmauer ist auf der Außenseite massiv aufgeführt und mit kleinen Schlitzschießscharten versehen. In den Schießscharten liegen Prellhölzer, die auf den Einsatz von Feuerwaffen hindeuten. Auf der Innenseite verläuft ein auskragender Fachwerkgang mit einem schiefergedeckten Dach, der wohl aus der zweiten Hälfte des 16. Jahrhunderts stammt. Die Brüstung ist mit Andreaskreuzen verziert. Bei der Restaurierung des Wehrgangs 1996 bis 1997 konnte die ursprüngliche Bemalung wiederhergestellt werden. Alle Holzteile sind rot gefaßt, während die dreieckigen Putzflächen einen weißen Anstrich tragen. Zierlinien begleiten die Balken des Andreaskreuzes. In einem Fachwerkfeld wurde die alte Bemalung nicht erneuert. Dort wird die ursprüngliche Farbigkeit, wenn auch stark verblaßt, als baugeschichtliches Dokument gezeigt. Dort, wo die Wehrmauer auf die Außenseite des Wirtschaftshofes trifft, öffnet sich eine spätgotische Schlupfpforte.

Dem Nordflügel des Schlosses sind verschiedene Erdterrassen vorgelagert. Die Stützmauer aus Bruchsteinen wurde in den 1930er Jahren erneuert und zuletzt 1997 ausgebessert. Der sich verengende Nordzwinger führt sichelförmig zum zweiten Tor, das durch den nördlichen Trakt des Wirtschaftshofes hindurchführt.

Wirtschaftshof mit Pulverturm

Der Wirtschaftshof oder untere Schloßhof ist dem Westflügel des Schlosses vorgelagert. Mit seiner dreieckigen Grundform folgt er dem spitz zulaufenden Bergsporn. Die Hofumbauung besteht aus zwei Flügeln, die spitzwinklig zusammentreffen. Ganz vorn steht der Pulverturm, der mit seinem über Eck gestellten Turmschaft die schiefergedeckten Dächer überragt. Die zweigeschossigen Wirtschaftsgebäude wurden zwischen 1470 und 1480 errichtet. Das belegen die noch teilweise vorhandenen spätgotischen Fenstereinfassungen aus Rochlitzer Porphyr. Die meisten Tore und Fenster wurden allerdings im 16. bis 19. Jahrhundert verändert. In den Wirtschaftsflügeln befanden sich Pferdeställe und Remisen, in denen die Wagen und anderes Geräte abgestellt werden konnte, dazu Schüttböden und Wohnungen für Bedienstete. An der Außenseite verlief unter dem Dach ein auskragender Wehrgang in Fachwerkkonstruktion, der jedoch 1862 beseitigt wurde. Der südliche Flügel war ursprünglich kürzer. Er wurde um 1550 verlängert und mit einem dreieckigen Giebel versehen.

Der Pulverturm besetzt die westliche Spitze des dreieckigen Bergsporns. Er sollte die Rückseite der Burganlage sichern. Das untere Mauerwerk geht noch auf die spätgotische Bauepoche zurück, während die oberen Teile um 1550 errichtet wurden. Die dreieckigen Giebel, gegliedert durch vertikale Lisenen und dünne horizontale Gesimse, ähneln den Zwerchhausgiebeln des Schlosses. Dort, wo sich die Giebeldächer kreuzen, sitzt ein Dachreiter mit einer offenen Laterne und einer kräftig ausbauchenden Zwiebelhaube. Der stark baufällige Pulverturm mußte 1948 bis auf die Höhe der angrenzenden Dächer abgetragen werden, weil er einzustürzen drohte. 1951 wurde er in der alten Gestalt wiedererrichtet.

Schloß Rochsburg. Wirtschaftshof
mit Pulverturm. Postkarte, um 1910

Über die Bauarbeiten und Turmreparaturen berichten die Urkunden und Schriftstücke im Turmknopf, die bis ins 17. Jahrhundert zurückreichen. Demnach wurde die Turmspitze 1611, 1658, 1719, 1860 und 1870 und 1899 repariert und ausgebessert. Die Dachreparaturen im 19. Jahrhundert führte der Zimmermeister Carl Friedrich Veit aus Lunzenau aus. Die letzte Turmsanierung wurde 1996 bis 1997 durchgeführt. Am 14. Mai 1997 kehrten Wetterfahne und Turmkugel auf die Spitze des Pulverturms zurück.

An den spätgotischen Wirtschaftsflügel, in dem sich die Tordurchfahrt zum Hof öffnet, schließt sich ein etwas größeres Wohngebäude an. Es stammt im Kern ebenfalls aus dem 15. Jahrhundert. In der Mitte des 16. Jahrhunderts wurde ein Fachwerkgeschoß aufgesetzt, das man 1869 durch ein steinernes Massivgeschoß ersetzte. Unter Baumeister Reinhold Ulrich wurde diese Aufstockung 1929 beseitigt. Man richtete ein neues Dach auf. An der Giebelseite formte einer der Arbeiter aus Putz einen lustigen Gaffkopf.

Zwischen dem Wohngebäude, dem Westflügel des Schlosses und dem Nordwesteckturm befand sich früher ein Fachwerkeinbau. Hinter einer Fachwerkwand führte eine Treppe nach oben. Die Holzteile waren jedoch so stark vom Hausschwamm befallen, daß sie 1929 entfernt werden mußten.

Schloß Rochsburg. Bebauung an der Nordseite des Wirtschaftshofs mit Zugang und Fachwerkeinbau. Zustand 1929 vor dem Umbau

Südzwinger

Vom Wirtschaftshof führt ein Durchgang in den Südzwinger, der von der südlichen Wehrmauer und dem Südflügel des Schlosses begrenzt wird. Auf der Wehrmauer saß früher ein Wehrgang in Fachwerkkonstruktion, der aber 1842 abgebrochen wurde. Der ehemalige Austritt am Wirtschaftsgebäude ist noch deutlich sichtbar, ebenso der Mauerabsatz, auf dem die Holzkonstruktion des Wehrgangs auflag. In der Wehrmauer ist eine kleine Ausfallpforte eingefügt, die den Austritt zu den südlichen Wallanlagen ermöglichte.

Die vorkragende Halbschalenbastion war ursprünglich mit Fachwerkeinbauten und einem geschweiften Dach versehen. Die durch Andreaskreuze gegliederte Fachwerkkonstruktion war so stark zerfallen, das sie um 1930 beseitigt wurde. Der östliche Mauerzug der Wehrmauer neben der Halbschalenbastion stürzte in den 1940er Jahren auf einer Breite von etwa 10 m in den Graben. Die erhaltenen Teile der Südwehrmauer wurden 1993/94 gesichert und restauriert, ohne aber eine Rekonstruktion der zerstörten Bereiche vorzunehmen.

Die Ostflanke des Zwingers wird durch eine mehrstöckige Rundbastion gedeckt, die auch als Wirtschaftsgebäude diente. Im Erdgeschoß der sogenannten Roßmühle befand sich früher ein Pferdegöpelwerk, das eine Mühle antrieb. Die Rundbastion brannte im 19. Jahrhundert aus. Von der Mauerkante der Roßmühle führte eine Wehrmauer, in Ansätzen noch im Erdreich erkennbar, an der Hangseite des Halsgrabens bis zur Torbefestigung.

Schloß Rochsburg. Südliche Wehrmauer.
Aufnahme 2001

Tunneltor und Schloßhof

Um das Haupttor des Schlosses zu erreichen, muß man einige Stufen nach oben steigen. Der Tordurchgang führt tunnelartig durch den Westflügel hindurch. Die kräftig profilierten Steingewände der spätgotischen Portaleinfassung enthalten eine Nut für das ehemals vorhandene Fallgitter. Der schwere Torflügel besteht aus sieben starken Holzbohlen, die mit Eisenblechen beschlagen sind. Aus den Baurechnungen geht hervor, daß das Tor 1476 angefertigt, mit Eisenblech versehen und mit eisernen Riegeln ausgestattet wurde. Das Tor konnte früher mit einem Sperrbalken verriegelt werden, der in eigens vorbereitete Löcher im seitlichen Mauerwerk eingeschoben wurde. Der mehr als fünfhundert Jahre alte Torflügel wurde 2003 behutsam restauriert. Die verrosteten Bleche mußten teilweise erneuert werden. Unter einem Blech wurde eine gotische Minuskelinschrift aus der Bauzeit gefunden, die aber nicht mehr zu entziffern war.

Im Tordurchgang führt eine Tür ins Kellergeschoß des Westflügels. Das hölzernen Türblatt ist vollflächig mit Eisennägeln beschlagen. Das Monogramm **FvS** und die Jahreszahl **1861** erinnern an den Erbgrafen Friedrich von Schönburg, der das Schloß damals bewohnte.

Schloß Rochsburg. Tunneltor. Der Torflügel ist mit Eisenblech beschlagen. Aufnahme 2005

Schloß Rochsburg. Innenhof. Blick auf Bergfried und Schloßkapelle. Aufnahme um 1910

Schloß Rochsburg. Brunnen im Innenhof. Aufnahme 2005

Der gepflasterte Schloßhof ist nicht eben, sondern steigt, am Tor beginnend, etwas an. An allen vier Seiten ist er von Schloßgebäuden umgeben. Der rechteckige Grundriß ist an der Südostecke gestört, denn dort ragt der Kleine Wendelstein in den Schloßhof hinein.

Der Brunnen in der Hofmitte geht noch auf die mittelalterliche Burg zurück. Zwischen 1470 und 1475 vertiefte der Freiberger Bergmann Tonwenzel den Brunnenschacht von 31 m auf 53 m. Das hölzerne Brunnenhäuschen stammt aus dem 18. Jahrhundert. Das Seil mit dem Wassereimer kann mit einer Kurbel nach oben gezogen werden.

Bergfried

Der in den Ostflügel des Schlosses eingebaute 42 m hohe Bergfried ist der älteste Teil der Burganlage. Der mächtige Rundturm, dessen Rundung auf der Hofseite deutlich zu sehen ist, nimmt die höchste Stelle des Bergsporns ein. Der untere Abschnitt ist aus Bruchstein gemauert. Das Mauerwerk ist 2,70 m dick, während der Innendurchmesser lediglich 3,60 m beträgt. Der ursprüngliche Zugang befand sich – wie bei allen Bergfrieden des 12. und 13. Jahrhunderts – nicht ebenerdig, sondern in etwa 10 m Höhe über dem Innenhof.

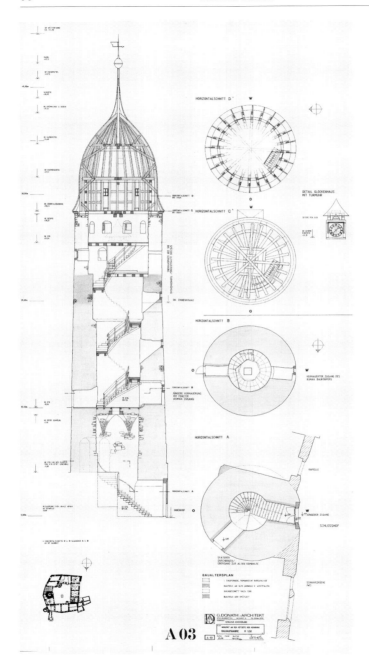

Schloß Rochsburg. Bergfried. Längsschnitt und vier Horizontalschnitte. Zeichnung Architekturbüro Günter Donath, 1999

Schloß Rochsburg. Bergfried. Die oberen Turmgeschosse und die Kuppelhaube wurden 1620 aufgesetzt. Aufnahme 2005

Schloß Rochsburg. Bergfried. Treppenaufgang. Blick von unten. Aufnahme 2005

Schloß Rochsburg. Bergfried. Uhr mit Schlagglocke und Zifferblatt. Aufnahme 2005

Der Eingang ist heute vermauert, aber auf der Hofseite durch eine Ritzlinie im Putz markiert. Der untere Turmabschnitt ist überwölbt, wobei die rechteckige Öffnung im Gewölbescheitel früher den einzigen Zugang darstellte. Erst 1842 wurde im Bergfried eine Treppe angelegt, die vom neu eingebrochenen Hofeingang ins erste Obergeschoß führt. Das spitzbogige Portal wurde dem Eingang der benachbarten Schloßkapelle nachgebildet.

Der obere Abschnitt des Bergfrieds ist aus Backsteinen gemauert. Die recht großen Mauerziegel messen 27,5 bis 28,5 x 11,5 bis 12 x 9,5 cm. Die Backsteine sind in wechselnden Steinverbänden vermauert. Hinzuweisen ist auf die Mauerziegel im Eckverband des mittelalterlichen Turmzugangs, die mit einer Riefelung versehen sind. Eine solche mit der Glattfläche in den gebrannten Stein gehauene Schraffur ist in Sachsen nur vom letzten Drittel des 12. Jahrhunderts bis zum ersten Viertel des 13. Jahrhunderts nachzuweisen. Der früheste Beispiel für Verwendung geriefelter Backsteine ist die 1172 in Gegenwart Kaiser Friedrichs II. geweihte Augustiner-Chorherrenkirche (Bergerkirche) in Altenburg. Der Bergfried der Rochsburg kann daher frühestens nach 1170 entstanden sein. Möglicherweise ist er gegen Ende des 12. Jahrhunderts errichtet worden. Ein ähnlicher Bergfried ist in Altenburg erhalten geblieben. Der vollständig aus Backsteinen errichtete Hausmannsturm des Altenburger Schlosses ist etwas kleiner als der Bergfried in Rochsburg, während die Innendurchmesser annähernd übereinstimmen.

Schloß Rochsburg. Bergfried. Uhrwerk.
Aufnahme 2005

Der Rundturm der Rochsburg wurde nachträglich um 3,80 m aufgestockt. Das hinzu-
gefügte Mauerwerk ist innen an einem Mauerabsatz zu erkennen. Außerdem sind die ver-
mauerten Backsteine etwas kleiner. Ihre Abmessung betragen 25 x 10,5 bis 11 x 8,5 cm.
Oben war ein Zinnenkranz ausgebildet. Wie der Turmabschluß im 15. Jahrhundert ausgesehen hat, als der Bergfried in die spätgotische Vierflügelanlage integriert wurde, wissen
wir nicht.

Der charakteristische Turmabschluß, der heute die Dächer des Schlosses überragt, wurde
erst im 17. Jahrhundert errichtet: 1620 erhielt der Rundturm unter Johann Georg von
Schönburg zwei zusätzliche Turmgeschosse und eine spitz zulaufende Kuppelhaube. Der Eingang in den Turmschacht im zweiten Obergeschoß des Ostflügels, gegenüber dem mittelalterlichen Zugang, ist mit einer Holztür verschlossen, die die Jahreszahl 1620 trägt. Von hier
führen hölzerne Blockstufen schraubenförmig nach oben. Auf das mittelalterliche Mauerwerk
wurden zwei neue Geschosse gesetzt. Im unteren Stockwerk befindet sich das kleinteilige, aus
Eisen gefertigte Uhrwerk der zum Hof gerichteten Einzeigeruhr. Das Zifferblatt wurde 1999
erneuert. Unter einem vorkragenden Dach hängen die beiden Uhrglocken. Die kleinere
Glocke wurde 1474 gegossen. Das belegt eine umlaufende Inschrift am Glockenhals: **Anno •**
d(omi)ni • m° • cccc° • lxxiiii°. Es handelt sich um eine Läuteglocke, die nachträglich in
eine Schlagglocke umgewandelt wurde. Möglicherweise hing sie früher in einem Glocken-

träger der spätgotischen Schloßkapelle. Die größere Glocke wurde 1620 in Zwickau gegossen. Die umlaufende Inschrift in Kapitalisbuchstaben lautet: **HANS • HAVBENDACHER • HANS RAMING • ZV • ZWICKAV • HAD • MICH • GOSSEN • ANNO • 16 • 20**. Aus der Jahresangabe ergibt sich, daß die Schlagglocke gezielt für das Uhrwerk des Rochsburger Bergfrieds angefertigt wurde.

Die mit Schiefer bedeckte Dachhaube wird aus vierundzwanzig radial angeordneten Balken gebildet. Diese setzten sich jeweils aus geschwungenen Balkensegmenten zusammen und sind in zwei Ebenen untereinander ausgesteift. Der Kaiserstiel in der Mitte trägt Kugel und Wetterfahne.

Schloßkapelle St. Anna

An den Bergfried schließt sich die spätgotische Schloßkapelle an. Der kleine Gottesdienstraum, geweiht der heiligen Anna, wurde ab 1470 unter Arnold von Westfalen angelegt. Dabei nutzte man die schon vorhandenen umgebenden Mauern des Bergfrieds, der hangseitigen Ringmauer und der südlich anschließenden Alten Kemenate. Die Rundung des Bergfrieds wurde abgetragen, um eine gerade Raumbegrenzung zu erhalten. Lediglich die Hoffassade mußte neu errichtet werden. Das spitzbogige Portal zeigt typische Bauformen des Arnold von Westfalen. Die reich abgestuften Profilstäbe überkreuzen sich im Bogenscheitel. Auch das Maßwerkfenster und die gliedernden Gesimse gehören dieser Bauphase an. In dem rechteckig gerahmten Feld links neben dem Maßwerkfenster saß vermutlich eine Schrifttafel.

Der Bau der Schloßkapelle läßt sich in den erhalten gebliebenen Rechnungen gut nachvollziehen. 1470 begann man mit der Unterkellerung. Drei Maurer führten innerhalb von 19 Wochen die Gewölbe unter der Kapelle aus. Eines dieser Gewölbe, gemauert aus Ziegeln, wurde 1997 bei archäologischen Grabungen entdeckt. Über dem Gewölbe lag Bauschutt aus Ziegelbrocken. Man fand zerschlagene Dachpfannen einer Mönch-und-Nonne-Deckung, Schieferplatten sowie Reste eines Fußbodenbelags aus sechseckigen Tonplatten. Außerdem traten Reste von Vorratsgefäßen, Küchengeschirr und Trinkbecher zutage. Brandschicht und Bauschutt lassen sich vermutlich auf den Brand im Jahr 1503 beziehen, der auch die Schloßkapelle verwüstete.

Wie der von Arnold von Westfalen geplante Raumabschluß der Schloßkapelle ausgesehen hat, wissen wir nicht. Das spätgotische Rippengewölbe, das heute den Kapellenraum überzieht, geht auf Götz von Ende zurück, der 1503 die Rochsburger Herrschaft in Besitz genommen hatte. Er ließ den Baumeister Caspar Kraft nach Rochsburg kommen. Das belegt ein Eintrag im Stadtbuch von Halle an der Saale aus dem Jahr 1523. Dort heißt es, daß Caspar Kraft aus Rochsburg nach Halle gezogen ist. Der Baumeister weilte demnach vorher in

Schloß Rochsburg. Schloßkapelle mit Altar. Aufnahme 2005

Schloß Rochsburg. Sakramentshaus in der Schloßkapelle. Aufnahme 2005

Rochsburg, wo er vermutlich 1522 das Gewölbe der Schloßkapelle errichtet hat. Das Netzgewölbe überspannt den gesamten Innenraum, wobei die Rippen aus der Wand hervorzuwachsen scheinen. Das kleinteilige Netzmuster entwickelt sich aus gezackten Sternen. Ein Schlußstein ist mit dem Wappen der Familie von Ende verziert. In Halle errichtete Caspar Kraft ab 1530 das Langhaus der Marktkirche St. Marien. Der Baumeister starb 1540.

Der Bergfried reicht nicht ganz bis an die östliche Außenwand der Kapelle heran. Der kleine Zwischenraum hinter dem Bergfried wurde genutzt, um dort eine Herrschaftsempore einzuziehen. Die Last des Gewölbes wird auf einen vor die Ostwand gesetzten Porphyrpfeiler abgeleitet, der gleichzeitig als Sakramenthaus dient. Der Unterbau ist mit zwei Wappen geschmückt: Das linke Wappen mit einem sitzenden Hund bezieht sich auf Götz von Ende, das rechte Wappen auf dessen Gemahlin Katharina von Schleinitz. Die Kanten des Sakramentshauses werden durch Fialen betont, während die Seitenflächen ein kunstvolles Maßwerkmuster tragen. Die rechteckige Öffnung, in der die Hostien aufbewahrt wurden, ist mit einem eisernen Gitter verschlossen. Die Randstäbe sind aus Holz gefertigt und mit einem grüngelben Samt überzogen. Darauf befanden sich durchbrochene Metallauflagen aus gestanztem Blech. Allerdings hat sich davon nur ein kleines Stück erhalten. Die Fläche über dem Metallgitter ist nachträglich abgearbeitet worden. Die Restaurierung des Sakramentshauses steht noch aus. In der ersten Farbfassung war der Porphyr flächig mit einem warmen Rotton überzogen. Die Wappen trugen eine Farbfassung.

Schloß Rochsburg. Tür zur Herrschaftsempore der Schloßkapelle mit Inschrift. Aufnahme 2005

Die spätgotische Herrschaftsempore war erhöht über einem Gewölbe angelegt. Davon ist allerdings nur noch wenig zu sehen, denn im 17. Jahrhundert wurde die Empore verändert. Das untere Gewölbe wurde herausgeschlagen und durch eine hölzerne Empore ersetzt. Auch die mit Maßwerkmuster verzierten Brüstungsplatten wurden entfernt. Man hat sie als Fußbodenplatten wiederverwendet und verkehrt herum vor dem Altar verlegt. Bei der Erneuerung des Fußbodens 1997 sind sie wieder zutage getreten. Das obere Gewölbe der Herrschaftsempore ist noch vorhanden, aber größtenteils durch einen hölzernen Einbau verdeckt, dessen Balken an der Unterseite reich profiliert sind.

Vom Ostflügel führt eine spitzbogige Tür auf die Herrschaftsempore. Das Porphyrgewände wird durch einen schwarzen Begleitstrich gerahmt. Drei auf die Wand gemalte Kugelbekrönungen schmücken den Bogen. Rechts steht die Jahreszahl **1 · 5 · 51**, links ist eine stark abgekürzte Inschrift aufgemalt: **I · S · O · S · ISHAS | V · D · M · I · E**. Während der erste Teil nicht aufzulösen ist, stehen die letzten fünf Buchstaben für den Wahlspruch „Verbum domini manet in eternum" (Das Wort des Herrn bleibt in Ewigkeit). Dieser Wahlspruch wurde von den ernestinischen Wettinern geführt und war in der Reformationszeit als Ausdruck lutherischer Gesinnung weit verbreitet.

Wolf II. von Schönburg stiftete 1576 den Altar der Schloßkapelle, der von Andreas Lorentz aus Freiberg in Sandstein ausgeführt wurde (siehe Beitrag S. 103–108).

Die Schloßkapelle ist 1991 bis 1997 umfassend saniert worden. Zunächst mußte das einsturzgefährdete Gewölbe gesichert werden. Das 1842 veränderte Maßwerkfenster wurde nach Befund restauriert und ergänzt. Danach war es möglich, die spätgotische Bemalung wiederherzustellen: Der Pfeiler über dem Sakramentshaus und der Bogen, der zum Nebenraum überleitet, sind rot gefaßt und durch aufgemalte weiße Fugen mit schwarzem Begleitstrich unterteilt. Die doppelt gekehlten Gewölberippen tragen eine kräftige rote Fassung ohne Fugenteilung. Unter den Gewölbeanfängern sind zarte gelbe und grüne Blätter aufgemalt. Die Wandflächen sind weiß, der Boden ist mit alten und neuen Porphyrplatten bedeckt.

Wohnturm mit Gruft

Der Wohnturm an der Südostecke des Schloßhofs zwischen Schloßkapelle und Südflügel gehört ebenso wie der Bergfried zu den mittelalterlichen Bauteilen der Burg. Er ist wahrscheinlich mit der 1433 genannten großen Kemenate identisch („in der großen Kempnaten") und erscheint in den Baurechnungen der 1470er Jahre als Alte Kemenate („alte ceminat"). Der Wohnturm ist über einem trapezförmigen Grundriß angelegt und mißt etwa 16 x 13 m. Wahrscheinlich wurde er im 14. Jahrhundert errichtet. Darauf deuten die sehr starken Mauern, die hinter die ältere Ringmauer gesetzt wurden. Über den beiden Kellertonnen besaß der Wohnturm, unterteilt durch eine Zwischenmauer, drei Wohnetagen, wobei er die Ringmauer um ein Stockwerk überragte. Dabei wurde die Außenseite der Wehrmauer überbaut. Das sieht man an der Ost- und Südseite. Dort beginnt die Eckquaderung des Wohnturms erst oberhalb der älteren Ringmauer. Der Tiefkeller ist in den anstehenden Felsen eingetieft. Der Zugang zum südlichen Halbkeller führt durch ein spitzbogiges spätgotisches Gewände.

Unter Arnold von Westfalen wurde der Wohnturm stark umgebaut und in die spätgotische Vierflügelanlage integriert. Die Baurechnungen belegen, daß die Bauarbeiten zwischen 1477 und 1479 ausgeführt wurden. Die Geschoßteilung wurde verändert, außerdem baute man neue Fenster ein. Im Erdgeschoß hat sich ein spätgotisches Portal erhalten. Die nördliche Raumhälfte wurde im 16. Jahrhundert der Schloßkapelle zugeschlagen. Dazu mußte ein Bogen in die frühere Außenwand eingebrochen werden. Treppenstufen gleichen den Höhenunterschied zum tiefer gelegen Kapellenfußboden aus. Die nach Westen gerichteten Fenster werden durch den 1552/53 erbauten Wendelstein des Südflügels verdeckt. Die stark sanierungsbedürftige Raumfassung, die heute zu sehen ist, stammt wohl aus dem 17. Jahrhundert. Das Gewölbe ist mit aufgeputzten Graten verziert. Die Hofgesellschaft konnte von einer hölzernen Empore aus den Gottesdiensten folgen, wobei keine Blickbeziehung zum Altar gegeben war. Ins Mauerwerk sind zwei Wandschränke mit hölzernen Türen eingelassen.

Ein spätgotisches Spitzbogenportal führt in die südliche Raumhälfte. Graf Heinrich Ernst I. von Schönburg-Rochsburg richtete in diesen Raum 1770 eine Gruft für seinen Familienzweig

Schloß Rochsburg. Gruft. Aufnahme 2005

ein. Der erste, der hier beigesetzt wurde, war Friedrich Ernst, der älteste Sohn des Grafen, der 1770 im Alter von 22 Jahren starb. Die letzte Bestattung wurde 1838 vorgenommen. In der Gruft sind acht aus Holz gefertigte Prunksärge aufgereiht, die auf der Oberseite teilweise mit gravierten Inschriftenplatten verziert sind. Ein neunter Sarg ist vorn quer angeordnet. Diese Bestattung läßt sich nicht eindeutig zuordnen. In der Ecke steht ein alter Betstuhl der gräflichen Familie. Die Gruft wurde nicht mehr belegt, weil Rochsburg 1825 an die Linie Schönburg-Hinterglauchau und 1900 an die Linie Schönburg-Forderglauchau gekommen war. Diese Familienzweige hatten eigene Begräbnisstätten in Glauchau und Wechselburg.

Die Särge in der Gruft

1 Magdalena Luise (1723–1798), Gräfin und Herrin von Schönburg, geborene Reichsfreiin von Elstern, Ehefrau Heinrich Ernsts I. von Schönburg
2 Heinrich Ernst I. (1711–1777), Graf und Herr von Schönburg
3 Heinrich Wilhelm Ernst (1751–1816), Graf und Herr von Schönburg, Sohn Heinrich Ernsts I. und der Magdalena Luise
4 Friedrich Ernst (1748–1770), Graf und Herr von Schönburg, Sohn des Heinrich Ernst I. und der Magdalena Luise

5 Sophie Wilhelmine (1766–1795), Gräfin und Herrin von Schönburg, geborene Prinzessin von Schönaich-Carolath, erste Ehefrau Heinrich Ernsts II.

6 Heinrich Ernst II. (1760–1825), Graf und Herr von Schönburg

7 Ernestine Wilhelmine (1768–1838), Gräfin und Herrin von Schönburg, geborene von Köhler, zweite Ehefrau Heinrich Ernsts II.

8 Wilhelmine Eleonore Sidonie (1756-1822), geborene Gräfin und Herrin von Schönburg, verwitwete Freiherrin von der Steyden, Tochter Heinrich Ernsts I. und der Magdalena Luise

9 unbekannte Bestattung

Südflügel

Der nicht unterkellerte Südflügel vermittelt zwischen dem mittelalterlichen Wohnturm und dem Westflügel. Das Mauerwerk geht größtenteils auf den spätgotischen Neubau unter Arnold von Westfalen zurück. Im Erdgeschoß befand sich das Brau- und Backhaus.

Schloß Rochsburg. Hofseite. Fassadenabwicklung des Ostflügels mit Bergfried und Schloßkapelle sowie des Süd-flügels mit dem Kleinen Wendelstein. Zeichnung Architekturbüro Günter Donath, 1999

Schloß Rochsburg. Backofen im Südflügel,
Aufnahme 2005

Der große Erdgeschoßraum, in dem vermutlich die Braukessel standen, hat ein Tonnengewölbe. Der gewölbte Eckraum, der zum Westflügel überleitet, enthält noch heute den spätgotischen Backofen. Der Zugang zum geräumigen, aus Ziegeln gemauerten Ofenraum ist erhöht angelegt. In der vor dem Ofen gelegenen Backstube haben sich Reste der früheren Ausmalung des 16. oder 17. Jahrhunderts erhalten. Über einer schwarzen Bordüre sind verschiedene Inschriften zu erkennen, darunter ein lateinisches Sprichwort des Dichters Ovid: **Omnia sunt [hominum tenui pendencia filo] | & subito casu [que valuere] ruunt**, zu deutsch: „Alle menschlichen Dinge hängen an einem Faden, und auch jene, die stark sind, fallen plötzlich" (Ovid, Epistulae ex Ponto, IV, 3, 35). Von der beigegebenen deutschen Übersetzung kann man nur noch die ersten Worte lesen: **Alle ding [...]**. Unter der schwarzen Zierleiste war ein Wappen aufgemalt. Die Ausmalung ist vermutlich damit zu erklären, daß die Backstube in kalten Wintertagen dem Aufenthalt der Hofgesellschaft diente.

Die Fenster und Türen im Erdgeschoß des Südflügels stammen aus dem späten 15. Jahrhundert, während die Fenstergewände in den Obergeschossen 1592 bis 1596 erneuert wurden. Die Giebel stammten aus der Mitte des 16. Jahrhunderts.

In die Hofecke ist ein runder Treppenturm hineingesetzt, der den vorspringenden Wohnturm größtenteils verdeckt. Eine Rechnung belegt, daß der Wendelstein 1552/53 erbaut wurde. Die Wendeltreppe erschließt die herrschaftlichen Wohnräume im ersten und zweiten

Obergeschoß. Das schraubenförmig umlaufende Gesims zeichnet den Treppenverlauf nach. Die geschweifte Haube des Treppenturms stammt vermutlich aus dem 17. Jahrhundert.

An die Außenseite des Südflügels waren drei Abortschächte angesetzt. Kot und Abfälle fielen aus den Abortkammern senkrecht nach unten, wobei sie sich im Schacht sammelten und verrotteten. 1928/29 wurden die Abortschächte abgebrochen und an ihrer Stelle eine frei auskragende Abortkammer rekonstruiert. Das widerspricht dem historischen Zustand, denn das spätgotische Schloß hatte ausschließlich geschlossene Abortschächte.

Westflügel

Der Westflügel, auch die Neue Kemenate genannt („neue Cominat"), wurde 1470 bis 1474 unter Arnold von Westfalen errichtet. An der Hofseite sind mehrere spätgotische Fenstereinfassungen erhalten geblieben, vor allem im Bereich des Wendelsteins, der innerhalb des Schloßflügels die Geschosse erschließt. Alle anderen Fenstergewände sind in der Mitte des 16. Jahrhunderts erneuert worden. Der Haupteingang wird durch ein reich geschmücktes Kielbogenportal betont.

Arnold von Westfalen brachte alle Raumfunktionen in einem rechtwinkligen Schloßflügel mit glatten Fassaden unter. Der Wendelstein ist nicht, wie an der Albrechtsburg in Meißen, außen angesetzt, sondern innerhalb des Gebäudes angeordnet, so daß man ihn vom Hof aus nicht erkennen kann. Ein nach innen offenes Gehäuse umgibt den Treppenaufgang. Das Portal, das im ersten Obergeschoß in die frühere Hofstube führt, ist von halbrunden, auf gewundenen Sockeln stehenden Profilrippen umrahmt, die sich im Scheitel überwölben.

Unter dem Westflügel befindet sich eine geräumige Kellertonne. Das Gewölbe wurde aus großformatigen Backsteinen der Abmessung 9 x 13 x 30 cm errichtet. Das Erdgeschoß enthält einen gewölbten Raum, der aber zu klein war, um hier – wie sonst üblich – die Hofstube unterzubringen. Der Speise- und Aufenthaltsraum der Hofgesellschaft wurde daher im ersten Obergeschoß eingerichtet. Die Hofstube, die 1481 mit Holzdielen versehen wurde, nimmt die gesamte Geschoßfläche des Westflügels außerhalb des Treppenhausbereichs ein. Der Raum konnte durch einen Hinterladerofen rauchfrei beheizt werden. Unter den Herren von Schönburg wurde die Hofstube als Speisezimmer genutzt. Die reich profilierte Holzbalkendecke stammt aus dem späten 16. Jahrhundert. An der südlichen Stirnwand öffnet sich ein reich untergliedertes Renaissanceportal, gerahmt von abgestuften Pilastern. Die Architekturgliederung und das Schönburgische Wappen über dem Gebälk wurden nach 1945 leider übertüncht. Das Portal ist von aufgemalten Vorhängen und von zwei kräftigen Füllhörnern umgeben. An den Wänden hängen Porträts der Grafen und Herren von Schönburg und ihrer Ehefrauen. Seit dem 19. Jahrhundert wird die ehemalige Hofstube als Ritter- oder Ahnensaal, mitunter auch als Festsaal bezeichnet.

Im zweiten Obergeschoß ist der große Saal zu finden, der für Versammlungen, Feste und Empfänge gedacht war. Die alten Portale sind nicht erhalten, denn sie wurden im 18. Jahrhundert durch barocke Flügeltüren ersetzt. Unter Graf Heinrich Ernst II. scheint der Raum

Schloß Rochsburg. Musiksaal im zweiten Obergeschoß des Westflügels. Zustand während der Baumaßnahmen 1928. Aufnahme von Reinhold Ulrich, 1928

Schloß Rochsburg. Großer Saal im zweiten Obergeschoß. Zustand 2005

eine klassizistische Ausmalung erhalten zu haben. Graf Richard Clemens wandelte den Saal in den 1880er Jahren in ein Musikzimmer um. Die auf einem alten Foto dokumentierte Ausmalung mit geometrisch gegliederten Wandflächen, auf denen tanzende und musizierende Mädchen erscheinen, könnte aus dieser Zeit stammen. Heute ist davon nichts mehr zu sehen. Als 1928 die Holzbalkendecke aufgrund von Hausschwammbefall erneuert wurde, hat man auch die Ausmalung entfernt. Der Saal hat heute schlichte weiße Wände. Die aus Holz gefertigten Kronleuchter stammen aus den 1950er Jahren.

Im Westflügel sind große Teile der alten Dachkonstruktion erhalten geblieben. Die Sparren sind durch einen Kehlbalken miteinander verbunden. In jedem dritten Gebinde ist ein liegender Stuhl mit Kopfbändern und Spannriegeln angeordnet. Die Kehlenbalken und Spannriegel und die längs durchlaufenden Balken des liegenden Stuhls sind mit Schiffskehlenprofilen verziert. An dieser außerordentlich reichen Dekoration sieht man, daß das Dachgeschoß von Anfang an zur Nutzung vorgesehen war.

Nordflügel und Nordwesteckturm

Der Nordflügel besitzt eine abknickende Außenfassade, die von der mittelalterlichen Burg übernommen wurde. Das belegen die Fenstergewände, die 1987 in der Nordaußenwand entdeckt wurden. Im Erdgeschoß traten zwei Bogenfragmente zutage, die zu Rundbogenfenstern gehören, während im ersten Obergeschoß eine vierteilige spätromanische Fensterarkade erhalten geblieben ist. Die Rundbögen ruhen auf schmalen Pfeilern mit sehr einfachen rechteckigen Kapitellen. Das mittelalterliche Gebäude an dieser Stelle ist wohl mit der 1433 erwähnten vorderen Kemenate („Furderkempnate") identisch.

Arnold von Westfalen integrierte die mittelalterlichen Mauerteile in die spätgotische Vierflügelanlage. Der Nordflügel wurde aufgestockt und mit neuen Fensteröffnungen versehen. Die Fenstergewände, die man heute sehen kann, stammen größtenteils aus der Mitte des 16. Jahrhunderts. An der nördlichen Außenseite, dort, wo im 17. Jahrhundert der Verbindungsbau zum Torwächterturm angesetzt wurde, hat sich ein spätgotisches Gewände erhalten.

Vom Innenhof führt eine Zugangstreppe in den bruchsteingewölbten Keller, der über eine Ziegelhalbtonne mit dem Kellergewölbe unter dem Westflügel verbunden ist. Das Erdgeschoß wird durch einen kleinen Portalvorbau an der Hofseite erschlossen. Dort befand sich früher ein spätgotisches Portal, das 1842 durch eine rechteckig gerahmte Doppeltür ersetzt wurde. Die Erdgeschoßräume sind durch massive Zwischenwände unterteilt. Im ersten Obergeschoß setzt sich die Raumfolge der herrschaftlicher Gemächer fort, die durch das Treppenhaus im Westflügel erschlossen wird.

Im zweiten Obergeschoß befand sich früher ein geräumiger Saal, der aber um 1800 beseitigt und in kleine Zimmer aufgeteilt wurde. Dieser Saal war mit einem Jagdfries ausgemalt, von dem sich über der abgehängten Zimmerdecke einige Reste erhalten haben. Auf einer Szene sieht man einen reitenden Jäger und einen springenden Jagdhund. Jagdfriese dieser Art

Schloß Rochsburg. Reste der Ausmalung im zweiten Obergeschoß des Nordflügels. Aufnahme 2002

waren um 1600 weit verbreitet. Eine Ausmalung des späten 16. Jahrhunderts mit springenden Reitern ist auch im nahe gelegenen Lusthaus zu finden – allerdings unterscheidet sich der Jagdfries im Schloß hinsichtlich der Malweise und Gestaltung von den Bildszenen im Lusthaus.

Der Nordwesteckturm unterbricht die regelmäßige Gestalt der spätgotischen Vierflügelanlage. Er wurde nach 1620 unter Johann Georg von Schönburg an die älteren Schloßteile angesetzt. Dabei wurde an der Westseite ein spätgotisches Fenster verdeckt. Von den Turmräumen hat man einen weiten Ausblick über das Dorf Rochsburg und die umgebende Landschaft.

Ostflügel mit Küche

Der Ostflügel, in den Bergfried und Schloßkapelle einbezogen sind, vermittelt zwischen dem Nordflügel und der Alten Kemenate. Die Außenmauer geht auf die ehemalige Ringmauer der mittelalterlichen Burg zurück. Arnold von Westfalen fügte die älteren Bauteile nach 1470 zu einem einheitlichen Schloßflügel zusammen. Neben dem Bergfried legte er die Schloßküche an, die an der Hofseite ein breites Durchreichefenster und ein spitzbogiges Portal besitzt. Die Küche bestand aus der gewölbten Küchenstube und der eigentlichen Schwarzküche mit dem Herd. Breite Gurtbögen trugen den offenen Rauchabzug. Der Bau der Küche läßt sich in den Rechnungen gut nachvollziehen. 1475 wurden die Steinbrecher entlohnt, die die Steine für den Küchenherd brachen und anlieferten. Fünf Steinmetze waren eine Woche lang mit der Herstellung des Herdes beschäftigt. Von der Kücheneinrichtung ist heute nichts mehr zu sehen, denn Herd, Rauchabzug und Spül-

Schloß Rochsburg. Ostflügel mit Abortschächten. Aufnahme von Reinhold Ulrich 1928

stein wurden in den 1950er Jahren zerschlagen und restlos vernichtet. Heute befindet sich in der ehemaligen Küche eine Toilettenanlage. In der östlichen Außenmauer ist ein kleines Fenster mit einem darunterliegenden Ausgußstein erhalten geblieben.

Die Fenstergewände in den Obergeschossen stammen größtenteils aus der Mitte des 16. Jahrhunderts. An der Außenseite verliefen drei Abortschächte, die aber 1929 mit Ausnahme einer auskragenden Abortkammer abgebrochen wurden. Diese Abortkammer wurde 1999 freigelegt und wieder zugänglich gemacht. Der Raum zwischen der östlichen Außenmauer und dem Bergfried dient als Treppenhaus. Über diesen Treppenaufgang erreicht man die Herrschaftsempore der Schloßkapelle.

Der Altar in der Schloßkapelle zu Rochsburg

Matthias Donath

Als im albertinischen Sachsen 1539 die Reformation eingeführt wurde, trat auch Wolf II. von Schönburg zum evangelischen Glauben über. Bis an sein Lebensende blieb er ein strenggläubiger Lutheraner. Daß die Gnade Gottes allein im Glauben an Jesus Christus begründet sei, stand für ihn unverrückbar fest. Von den theologischen Auseinandersetzungen, die nach Martin Luthers Tod ausbrachen, ließ er sich nicht beirren. Der Adlige vertrat die streng lutherische Richtung, auch als Kurfürst August von Sachsen eine Zeit lang der etwas abweichenden Glaubenslehre des Philipp Melanchthons zuneigte. Er stellte Pfarrer ein, die nicht der philippistischen Richtung folgen wollten. Der sächsische Kurfürst wollte solche Glaubensabweichungen in seinem Land nicht hinnehmen und ließ Wolf II. von Schönburg 1567 in Haft nehmen. Der Streit erledigte sich, weil Kurfürst August 1573/64 selbst zur streng lutherischen Lehre zurückkehrte.

Schloß Rochsburg. Altar in der Schloßkapelle. Ausschnitt

Schloß Rochsburg. Altar in der Schloßkapelle

1576 ließ Wolf II. von Schönburg für die Schloßkapelle in Rochsburg einen Altar anfertigen, der die lutherischen Glaubensvorstellungen vermittelt. Der hoch aufragende Altaraufsatz besteht aus Elbsandstein. Andreas Lorentz, Bildhauer in Freiberg, fertigte ihn an. Das bezeugt eine Inschrift auf der Rückseite:

DER WOLGEBORNE VND EDLE | HERR HERR WOLFF HERR | VONN SCHÖNBVRGK DER | ELDER (= der Ältere) HERR ZV GLAVCHAW | VND WALDENBVRGK (HAT) DIS HER|LICHE WERCK ZV DER ZEIT | DO DER EHR-WIR-DIGE HER | PAVLVS HELDT SEINER GNADE(N) | HOFPREDIGER GEWE-SEN | BACHEN VND AVFRICHTEN | LASSEN | DVRCH | ANDREAS LORENTZ SCHLOSMEISTER | BILDTHAVER ZU FREYBERGK FERFERTTIGET | DEN XII DECEMBRIS AN(N)O M . D . LXXVI

Die Altarkunst der zweiten Hälfte des 16. Jahrhunderts in Sachsen ist durch antikisch gerahmte Altarretabel aus Sandstein geprägt. Die Architekturrahmung mit den vorgesetzten Säulen und den kräftigen Gesimsen zeigt unverkennbar den Einfluß der italienischen Renaissance. Die italienischen Formen hatten in Sachsen seit etwa 1520 Eingang gefunden, doch der antikisch gerahmte Sandsteinaltar verbreitete sich erst ab der Mitte des 16. Jahrhunderts. Die Bildhauerwerkstätten in Dresden, Meißen, Freiberg und Pirna griffen rasch den neuen Altartyp auf.

Die Bildhauerfamilie Lorentz aus Freiberg

Der Bildhauer Andreas Lorentz lebte seit etwa 1550 in Freiberg, wo er eine gutgehende Werkstatt betrieb. Er stellte Epitaphe und Altäre in den Formen der italienischen Renaissance her, wobei er vor allem für Adelsfamilien, seltener auch für städtische Auftraggeber arbeitete. Der Baumeister Hans Irmisch beauftragte ihn mit Bildhauerarbeiten für Schloß Freudenstein in Freiberg, so daß Andreas Lorentz den Rochsburger Altar als „Schloßmeister" signieren konnte. Der Bildhauer schuf die großen Sandsteinepitaphe des Johannes von Schönberg († 1569) im Freiberger Dom, des Caspar von Schönberg († 1579) in Sayda, des Eugen Pistoris († 1582) in Penig und des Joachim von Schönberg († 1581) in Gelenau sowie aufwendige Epitaphaltäre für Ulrich Mordeisen in Kleinwaltersdorf (1572) und für Hans von Ponickau in Pomßen. 1565 war er am Wiederaufbau der zerstörten Stadtkirche in Nossen beteiligt, und 1578 versetzte er die berühmte „Schöne Tür" aus dem Annaberger Franziskanerkloster in die Stadtkirche St. Annen. Mit dem Auftrag, einen Altar für die Rochsburger Schloßkapelle in Rochsburg anzufertigen, begann die enge Beziehung seiner Werkstatt zu den Herren von Schönburg. Andreas Lorentz starb 1588/89, nachdem er 1583 von einem Baugerüst gestürzt war.

Die von Andreas Lorentz begründete lokale Bildhauerschule in Freiberg wirkte bis ins 17. Jahrhundert hinein. Seine Söhne Samuel und Uriel Lorentz führten die Werkstatt weiter. Das Freigrab Wolfs II. von Schönburg in der Rochsburger Dorfkirche geht vermutlich auf die beiden Bildhauer zurück, doch scheint ebenso Andreas Lorentz an dem großartigen Werk beteiligt gewesen zu sein. Nachdem Samuel Lorentz 1595 gestorben war, kam die Werkstatt an dessen Sohn Uriel Lorentz, der ebenfalls für die Herren von Schönburg Bildhauerarbeiten ausführte. Er schuf unter anderem das von ihm signierte Epitaph des Christoph Friedrich von Schönburg († 1607) in Penig.

Auch Andreas Lorentz übernahm die antikisierende Architekturgliederung. Der Rochsburger Altar ist fünfgeteilt. Auf dem Altartisch ruht die Predella, die mit ihren geschwungenen Seitenteilen zum Mittelteil überleitet. Das säulengerahmte Mittelstück mit dem Hauptrelief baut sich über einem mächtigen Sockel auf. Über dem Gebälk folgt ein dreigeteilter Aufsatz, der oben von einem wappengeschmückten Bogen bekrönt wird. Die Säulen, die das Mittelrelief einfassen, besitzen ionische Kapitelle. Die Säulenschäfte sind unten mit schmuckreichem Dekor belegt. Zwischen den Säulen sind jeweils kleinere Bildszenen zu erkennen.

Der Altar trug ursprünglich eine differenzierte Bemalung, die 1995 bis 1997 teilweise wiederhergestellt wurde: Einige Partien sind sandsteinsichtig, während die Architekturglieder und manche Reliefteile in einer leuchtenden Farbigkeit hervorgehoben waren. Die Inschriften sind farbig ausgelegt.

Die theologischen Aussagen des Altars werden durch Bibelzitate unterstrichen, die jeder Bildszene beigegeben sind. Der hohe Schriftanteil ist typisch für die lutherische Altarkunst des 16. und 17. Jahrhunderts. Die Inschriften dokumentieren, welchen Stellenwert das Wort Gottes im evangelischen Glaubensverständnis einnimmt. Das Hauptmotto des Altars steht in Frakturschrift auf dem Gebälk des Mittelteils, wobei sich die golden ausgelegten Buchstaben deutlich vom hellblauen Hintergrund abheben: **Jo. | 3: | Also hat Gott | die W|elt geliebet, das er seinen eingebornen Sohn gab, auff | das al|le, die an Ihn gl|euben| nicht | verlorn** (Johannesevangelium 3, 16). Der unvollständige letzte Teil ist zu ergänzen: „...nicht verloren werden, sondern das ewige Leben haben." Das Bibelwort besagt, daß das ewige Leben allein durch den Glauben erworben werden kann. Die Erlösung ist darin begründet, daß Gott seinen Sohn für die Sünden der Menschen geopfert hat. Im Hauptfeld ist dies durch Bildszenen verdeutlicht, die das Leiden und Sterben Jesu Christi zum Inhalt haben.

Die Bildfolge beginnt zwischen dem linken Säulenpaar. Dort sieht man im oberen Feld die Geißelung Christi, die durch ein Zitat des alttestamentlichen Propheten Jesaja erläutert wird: **ESA: 53• | DVRCH SEI:|NE WVNDEN | SINDT WIR | GEHEILET •** (Jesaja 53, 5). Die Weissagung des Jesaja bezieht sich auf das neutestamentliche Heilsgeschehen. Es folgt das Gebet Christi im Garten Gethsemane vor der Gefangennahme. Jesus betet zu Gott: **VATER WILTV | SO NIM DIE:|SEN KELCH VON MIR. | DOCH NICHT | MEIN SONDERN | DEIN WILLE | GESCHEE:** (Markusevangelium 14, 36, hier in einer abgeänderten Fassung). Ein Engel reicht Jesus den Kelch des Leidens, während die drei Jünger Petrus, Johannes und Jakobus schlafen.

Das Hauptrelief im Mittelfeld zeigt, wie Jesus vor der Stadt Jerusalem das Kreuz zur Hinrichtungsstätte trägt. Er ist von vielerlei Menschen umgeben, die sein Schicksal beweinen. Darauf bezieht sich die Inschrift, die unter dem Kreuztragungsrelief zu lesen ist: **IR TÖCHTER VON IERUSALEM • WEINET NICHT VBER MICH • SON | DERN WEINET VBER EVCH SELBS • VND VBER • EWRE KINDER** (Lukasevangelium 23,28). Oben rechts sieht man den Berg Golgatha, wo die beiden Verbrecher, die mit Jesus zum Kreuzestod verurteilt wurden, bereits am Kreuz hängen. Zur Bildfolge muß man sich ein Kruzifix auf dem Altartisch hinzudenken. Der gekreuzigte Christus verdeutlicht das unschuldige Sterben des Gottessohnes, durch das die Menschen von ihren Sünden befreit werden. Auch die Inschrift zwischen dem rechten Säulenpaar erläutert, welche Folgen der Kreuzestod hat: **GAL: 3 • | CHRIST(VS) HAT | VNS ERLÖST | VOM FLVCH | DES GESEZES** (Brief des Paulus an die Galater 3,13). Das obere Bildfeld zwischen dem rechten Säulenpaar zeigt die Kreuzabnahme. Darunter sieht man, wie Maria Magdalena, Maria und Joseph von Arimathäa den Leichnam Christi in Leinentücher binden. Die Beschriftung ist wörtlich der Lutherübersetzung des Johannesevangeliums übernommen: **IOAN: 19 • | DA NAHMEN | SIE DEN LEICH | NAM IESV • | VND BVNDEN | IHN IN LEINEN | TÜCHER MIT SPECEREY** (Johannesevangelium 19,40).

Doch die Geschichte des Gottessohnes endet nicht mit dem Begräbnis. Das Heilsgeschehen erfüllt sich in der Auferstehung und im Sieg über Sünde und Tod. Dem Ostergeschehen ist der obere Altaraufsatz gewidmet. Unter einem kräftigen, mehrfach abgestuften Gebälk sieht man drei Bildszenen, die von toskanischen Säulen gerahmt werden. Links wird der Leichnam Jesu in ein steinernes Grab gelegt. Die beigefügte Inschrift zitiert den Propheten Jesaja: **ER IST BEGRABEN | WIE DIE GOTLOSEN • | VND GESTORBEN WIE | EIN REICHER ESA: 53 •** (Jesaja 53, 9), wobei der Text von der Lutherübersetzung abweicht. Es folgt in der Mitte die Auferstehung. Jesus Christus steigt mit der Siegesfahne in der Hand aus dem Grab auf, während die Wächter, die das Grab bewachen sollen, in tiefen Schlaf versunken sind. Im rechten Bildrelief kommen drei Frauen zum Grab, um den Leichnam Christi zu salben. Am Grab treffen sie einen Engel, der ihnen die Osterbotschaft verkündet: **IR SVCHT IHESVM VON NA | ZARET • DEN GECREVTZIG | TEN • ER IST AVFFERSTAN | DEN • VND IST NICHT HIE** (Matthäusevangelium 28, 5-6).

Der Altar verkündet die neutestamentliche Glaubensbotschaft, beruft sich aber auch auf das Alte Testament. Zwei Ereignissen der Passionsgeschichte sind Texte des Propheten Jesaja beigegeben. Die Zitate belegen, daß das in Jesus Christus erfüllte Heilsgeschehen schon im Alten Testament vorhergesagt wird. Diese innere Beziehung zwischen den beiden Abschnitten der Bibel wird durch die Sandsteinfiguren verdeutlicht, die auf Konsolen links und rechts neben dem Mittelteil des Altars angeordnet sind. Links sieht man Christus als Schmerzensmann, rechts dagegen Moses in alttestamentlicher Priesterkleidung. Während Moses mit den Zehn Geboten das Gesetz einführte, erfüllte Jesus Christus den göttlichen Heilsplan. Die Figuren symbolisieren demnach Gesetz und Gnade. Die beiden Putten auf dem Gebälk des Mittelteils scheinen diese Gegenüberstellung fortzusetzen. Mit den aufgeschlagenen Büchern, die sie in ihren Händen halten, sind vermutlich das Alte und das Neue Testament gemeint.

Das Opfer Jesu Christi wird im Gottesdienst durch das heilige Abendmahl vergegenwärtigt. Predella und Sockel sind diesem Sakrament gewidmet. Das Bildrelief der Predella zeigt das letzte Abendmahl, das Jesus mit seinen zwölf Jüngern gefeiert hat. Das Sockelfeld über der Predella enthält die Einsetzungsworte des Altarsakraments: **NEHMET HIN VND ESSET DAS IST | MEIN LEIB • DER VOR EVCH GEGE:|BEN WIRDT • | NEHMET HIN VND TRINCKET ALLE | DARAVS • DAS IST MEIN BLVT • | DAS FVR EVCH VERGOSSEN WIRDT •**. Die Buchstaben sind in den schwarz gefärbten Hintergrund hineingearbeitet und golden ausgelegt, so daß man sie deutlich erkennen kann. Das Wort **FVR** wurde nachträglich in **VOR** umgeändert. In den seitlichen Sockelpartien sieht man, wie das Abendmahl ausgespendet wird. Beide Reliefs zeigen einen Kirchenraum mit gotischen Maßwerkfenstern. Vor einem Altar, der mit einem Kruzifix hervorgehoben ist, steht der Pfarrer, der sich einem adligen Herrn zuwendet. Links teilt er die Hostie aus, rechts reicht er den Abendmahlskelch. Eine adlige Frau wohnt dem Abendmahl bei. In den Reliefs äußert sich die lutherische Abendmahlsauf-fassung. Während das katholische Meßopfer auch ohne Gemeindebeteiligung gefeiert werden kann, wird das lutherische Abendmahl im Gottesdienst in beiderlei Gestalt, in Brot und Wein, an die christliche Gemeinde ausgeteilt.

Das dem Altar zugrundeliegende Bildprogramm mit dem Abendmahl in der Predella, dem Passionsgeschehen im Mittelteil und der Auferstehung im Aufsatz findet man auf vielen protestantischen Altären des 16. und 17. Jahrhunderts. Selten ist es aber so theologisch ausgefeilt und tiefsinnig durchdacht wie in Rochsburg. Das inhaltliche Konzept geht vermutlich auf Paul Held zurück, den Wolf II. von Schönburg 1576 als Hofprediger nach Rochsburg geholt hatte und der in der Inschrift auf der Rückseite des Altars ausdrücklich genannt wird. Der Pfarrer war wegen seiner radikalen lutherischen Gesinnung von den Verfolgungen unter Kurfürst August betroffen gewesen. Er hatte seine Pfarrstelle in Lausick verloren, und auch in Kapellendorf, wo man ihm eine neue Pfarrstelle zugewiesen hatte, wurde er 1572 seines Amtes enthoben. 1575 vertrieb man ihn aus Altendorf bei Kahla, doch Wolf II. von Schönburg nahm den standhaften Pfarrer auf. 1582 wurde Paul Held zum Stadtpfarrer des zur Herrschaft Rochsburg gehörenden Ortes Burgstädt ernannt. Die Familie Held verwaltete über drei Generationen das Pfarramt in Burgstädt. Die Pfarrerdynastie endete, als 1634 Johann Held, der Enkel des Rochsburger Hofpredigers, starb.

Gartenschlößchen und Sommerhaus
Das Lusthaus der Herren von Schönburg

Matthias Donath

Noch vor dem Burggraben und dem vorderen Burgtor lag der ehemalige Lustgarten des Schlosses Rochsburg. Das Gelände wird durch eine Kastanienallee erschlossen, die auf das Lusthaus der Herren von Schönburg zuführt. Mit dem kreisrunden Grundriß, den beiden Geschossen unter einer schiefergedeckten Dachhaube und dem offenen Umgang wirkt es sehr malerisch.

Das turmartige Gartenschlößchen wurde 1574 für Wolf II. von Schönburg errichtet. Das ergab die dendrochronologische Untersuchung der Dachkonstruktion. Das für die Dachsparren verwendete Holz wurde 1573 geschlagen, das Holz der Deckenbalkenlage 1574 gefällt. Da man damals Holz immer frisch verarbeitet hat, ist davon auszugehen, daß das Lusthaus 1574 entstanden ist.

Schloß und Lusthaus in Rochsburg. Aufnahme 2003

Das Lusthaus hat einen Durchmesser von 9,10 m. Vom Boden bis zur Wetterfahne mißt es 15,50 m. Das Mauerwerk aus Bruchstein und Ziegeln ist verputzt, während die Tür- und Fenstergewände aus unverdecktem Rochlitzer Porphyrtuff bestehen. Neben dem roten Farbton des Porphyrs sorgt das blaugraue Schieferdach für einen farbigen Akzent. Wie der Erdgeschoßraum früher erschlossen wurde, ist nicht bekannt. Das heute vorhandene Sitznischenportal wurde erst 1892 eingebaut. Innen wird der Raum durch neun Wand-nischen gegliedert. Das Obergeschoß erreicht man über eine steinerne Außentreppe, die auf eine vorkragende Galerie führt. Der Umgang, der sich um das ganze Lusthaus zieht, ruht auf Eichenholzbalken, wobei das schiefergedeckte Dach soweit auskragt, daß der Umgang vollständig überdacht ist. Das Geländer besteht aus gedrehten Balustersäulchen, wie sie auch an der Galerie des Torturms des Schlosses Rochsburg zu finden sind. Der untere Dachabschnitt, der flacher gebildet ist, leitet zu einer glockenförmigen Dachhaube über. Die vergoldete Wetterfahne zeigt einen geflügelten Drachen. Der Saal im Obergeschoß kann durch zwei durch zwei gegenüberliegende Türen an der Südost- und Nordwestseite betreten werden. Durch die umlaufende Fensterreihe wirkt er sehr hell. Zwischen den Türen sind jeweils vier Bogennischen angeordnet, die durch Wandpfeiler mit einfach profilierten Kämpfern voneinander getrennt werden. In jeder Nische öffnet sich ein rechteckiges Fenster. Die Achsen der Bogengliederung im Erdgeschoß und der Fensternischen im Obergeschoß stimmen nicht miteinander überein.

Lusthäuser

Die Bezeichnung „Lusthaus" wird seit der Mitte des 16. Jahrhunderts für herrschaftliche Gartenhäuser gebraucht. Unter „Lust" verstand man damals die Erfrischung und Erholung im Garten. Im 16. und 17. Jahrhundert ließen sich Landesfürsten und vermögende Adlige vor ihren Schlössern Lustgärten anlegen. In diesen Gärten durften Gartenhäuser nicht fehlen. Die zwei- bis dreigeschossigen Bauten hatten mehrere Aufgaben zu erfüllen: Das Lusthaus bot den lustwandelnden Gartenbesuchern Schutz vor Regen oder Hitze, es diente als Aussichtsplattform und wurde im Sommer als Speisesaal genutzt. Bei großen Festlichkeiten versammelte man sich im Lusthaus, um dort zu dinieren und zu feiern. Wichtig war die Möglichkeit, von einem erhöhten Standort aus die Gartenlandschaft zu betrachten, denn die geometrisch gegliederten Renaissancegärten waren auf eine Sicht von oben angelegt. Daher sind die nahezu alle Lusthäuser mit erhöhten Galerien oder großen Fensteröffnungen im Obergeschoß versehen. Lusthäuser waren eine Attraktion inmitten der gestalteten Natur. Weil man die Gartenhäuser nur im Sommer nutzte, konnte man auf eine gesonderte Beheizung verzichten.

Die Lusthäuser kamen in der Mitte des 16. Jahrhunderts in Mode. Zu den ältesten Beispielen gehört das Belvedere in Prag. Der böhmische König Ferdinand I. ließ es 1538 vor der Prager Burg errichten. Der Arkadenumgang im Erdgeschoß trägt eine umlaufende Terrasse,

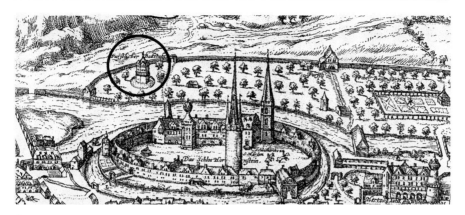

Älteste Stadtansicht von Weimar. Ausschnitt mit dem Schloß und dem Lusthaus im Garten an der Ilm. Kupferstich von Johannes Wolf, 1569/70

während im Obergeschoß ein Festsaal eingerichtet ist. Wie das Belvedere in Prag sind fast alle Lusthäuser zweigeschossig angelegt. Über dem Grottensaal im Erdgeschoß, der nicht selten Wasserspiele enthält, ist ein Sommersaal angeordnet. Neben rechteckigen Lusthäusern waren zentral angelegte Lusthäuser über achteckigem, quadratischem oder rundem Grundriß verbreitet.

Im Herrschaftsgebiet der Kurfürsten und Herzöge von Sachsen wurde das erste Lusthaus 1561 für Herzog Johann Friedrich den Mittleren in Weimar errichtet. Weimar war seit 1552 die Residenz der ernestinischen Wettiner. Das turmartige Lusthaus lag im Schloßgarten an der Ilm. Der achteckige Bau – dokumentiert auf einem Kupferstich von 1569/70 – hatte zwei Geschosse und ein von Giebeln umgebenes Kuppeldach. Im Erdgeschoß befand sich die fürstliche Badestube, während der Saal im Obergeschoß von einer offenen Galerie umgeben war. In Rochsburg wurde dieser Bautyp aufgriffen. Nur ist das Lusthaus in Rochsburg rund und es fehlt der Giebelkranz.

Das älteste Lusthaus in Dresden geht auf Kurfürst Christian I. zurück. Auf der nordwestlichen Eckbastion der Dresdner Festung, der Jungfernbastei, entstand ab 1589 das sogenannte Belvedere. Es wurde nach Plänen des italienischen Architekten Giovanni Maria Nosseni begonnen, aber erst in der Mitte des 16. Jahrhunderts fertiggestellt. Auch der Garten vor dem Wilsdruffer Tor, den Kurfürstin Sophie um 1590 anlegen ließ, enthielt ein Lusthaus. Auf der Festung Königstein ließ Christian I. zwei achteckige Lusthäuser errichten: die Christiansburg, 1589 von Paul Buchner entworfen und später zur Friedrichsburg umgebaut wurde, sowie ein kleineres Lusthaus auf der Königsnase, das 1731 abbrannte. 1589 wurde mit dem achteckigen Lusthaus im Hirschgarten des Schlosses Colditz begonnen. Das turmartige, ungewöhnlich hoch aufragende Gebäude wurde nach 1600 für Kurfürstin Sophie, die in Colditz ihren Witwensitz nahm, vollendet. Das Lusthaus besaß vier Geschosse, wobei vor

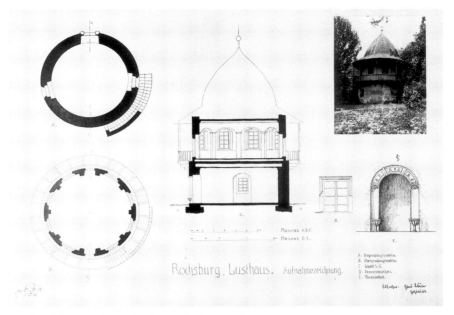

Schloß Rochsburg. Lusthaus. Grundrisse und Schnitt. Zeichnung, 1932

dem letzten Geschoß eine offene Galerie ausgebildet war. An den achteckigen Bautyp hielt sich Melchior Brenner, der für Kurfürst Christian II. 1604 das Lusthaus des Schlosses Sonnenstein in Pirna anlegte. Die Dachhaube des stattlichen, turmartigen Gebäudes war mit Zwerchhäusern und Volutengiebeln geschmückt. Diese Gartenschlößchen sind alle verloren gegangen und meist nur durch Zeichnungen dokumentiert.

Im Elbtal entstanden im 17. Jahrhundert verschiedene Lusthäuser, die sich dem Turmhaustyp zuweisen lassen und über einem quadratischen Grundriß angelegt sind. Dazu gehören das Bennoschlößchen in Radebeul-Oberlößnitz, das Lusthaus der Familie von Maltitz auf dem Kapellenberg in Meißen, das Batzdorfer Totenhäuschen, das im 18. Jahrhundert stark umgebaut wurde, und das um 1670 erbaute Spitzhaus in Radebeul-Oberlößnitz. Auch das Wasserpalais des Schlosses Pillnitz ist aus einem quadratischen Lusthaus hervorgegangen. Die Turmbauten haben schlichte Fassaden und ein steiles Dach, während umlaufende Galerien fehlen. Das Lusthaus des Herrenhauses in Sahlis, das wahrscheinlich im frühen 17. Jahrhundert entstand, hat einen rechteckigen Grundriß und ein durchgehendes Walmdach.

Das Gartenschlößchen in Rochsburg ist das älteste erhalten gebliebene Lusthaus in Sachsen. Mit seinem runden Grundriß und der umlaufenden Galerie ähnelt es den achteckigen Turmbauten, die in der zweiten Hälfte des 16. Jahrhundert unter Herzog Johann Friedrich dem Mittleren und unter Kurfürst Christian I. errichtet worden sind. Es dokumentiert die hochstehende Garten- und Festkultur am Hof der Herren von Schönburg. Der kulturelle Anspruch, den das kleine Gartenschlößchen vermittelt, hat auch damit zu tun, daß sich die Herren von Schönburg mit ihren Herrschaften Glauchau und Waldenburg als von Sachsen unabhängige Landesherren fühlten. Diesem Herrschaftsanspruch mußten sie mit einer glanzvollen Hofhaltung gerecht werden.

Als Lusthaus war es für den zeitweiligen Aufenthalt in der warmen Jahreszeit gedacht. Das durchfensterte Obergeschoß diente als Speisesaal und als Aufenthaltsort, wenn man im Garten Ruhe und Erfrischung suchen wollte. Von der umlaufenden Galerie konnte man auf den Garten und das Schloß blicken. Wie der Raum im Erdgeschoß genutzt wurde, ist nicht bekannt. Den Sommersaal im Obergeschoß stattete Wolf II. von Schönburg mit qualitätvollen Wandmalereien aus, die den festlichen Charakter des Gartenschlößchens unterstreichen. Die 2002 unter jüngeren Anstrichen entdeckte Ausmalung folgt der Architekturgliederung mit den vertieften Fensternischen und den hervortretenden Wandpfeilern. Über den Fenstern sind fratzenartige Masken (Grotesken) und florale Ornamente zu sehen, die von Rollwerk umgeben sind, während unter den Fenstern ein gemalter Vorhang mit einem rautenförmigen Ornament nachgewiesen werden konnte. Die Wandpfeiler sind mit aufgemalten Frucht- und Pflanzengehängen verziert. Unterhalb des Stuckgesimses leitet eine aufgemalte Girlande zur Decke über. Das Gewinde aus Laub, Blumen und Früchten ist mit herunterhängenden Tüchern geschmückt. Über der Tür, die im Nordwesten auf den Umgang hinausführt, sieht man zwei Reiter, die offenbar bei einem Kampf oder Turnier aufeinandertreffen. Rote Bänder an den Wandpfeilern und am Stuckgesims bereichern die Ausmalung.

Hofmaler Heinrich Göding

Die Wandmalereien führte wahrscheinlich der kursächsische Hofmaler Heinrich Göding aus. Das erkennt man an der Malweise der Masken und Grotesken. Der 1531 in Braunschweig geborene Maler hatte seine Ausbildung in der Werkstatt Lucas Cranachs des Älteren erhalten. Um 1562 trat er als Hofmaler in den Dienst des sächsischen Kurfürsten. Zusammen mit Lucas Cranach dem Jüngeren malte er 1570–72 das Schloß Augustusburg aus. Es wird berichtet, daß er Wand- und Deckenmalereien in Stolpen, im Schloß Freudenstein in Freiberg, im Stallhof in Dresden und im Schloß zu Nossen geschaffen hat, aber davon haben sich nur wenige Befunde erhalten. Heinrich Göding starb am 28. April 1606 in Dresden.

Johann Georg von Schönburg, der die Herrschaft Rochsburg 1620 übernommen hatte, ließ das Lusthaus 1620/21 erneuern. Das bezeugt ein Wappenstein über der nordwestlichen Umgangstür. Über dem herrschaftlichen Wappen ließt man das Monogramm **H G H V S**, das für Hans Georg Herr von Schönburg steht. Zwischen Erd- und Obergeschoß wurde eine neue Decke eingezogen. Diese besteht aus zwei Balkenpaaren, die sich rechtwinklig über-

Schloß Rochsburg. Lusthaus. Zustand 2005 nach der Restaurierung

kreuzen und mit Schiffskehlenprofilen versehen sind. Das Holz für die Deckenbalken wurde 1620 und 1621 geschlagen.

Der Renaissancegarten, der sich um das Lusthaus erstreckte, wurde durch den Außenwall der Burgbefestigung und eine steinerne Mauer begrenzt. Leider wissen wir nicht, wie er ausgesehen hat. Es sind weder Abbildungen noch genaue Beschreibungen überliefert. Der Hofgärtner Andreas Hardt, der unter Christian von Schönburg die Gartenanlage pflegte, veröffentlichte 1648 das Buch „Geist- und weltlicher Garten-Baw", in dem er alles, was mit Gartengestaltung zu tun hat und im Garten wächst, auf Aussagen der Bibel bezog und im lutherischen Sinne deutete. Andreas Hardt meinte dabei keinen bestimmten Garten, denn er verstand seine theologischen Aussagen als allgemeingültig. Allerdings hatte er immer einen bestimmten Garten vor Augen, nämlich den Lustgarten des Schlosses Rochsburg. Insofern lassen seine Darlegungen auch Rückschlüsse auf die damalige Gartengestaltung zu. Der Lustgarten bestand demnach aus Heckengängen und streng geometrisch angelegten Blumenparterres, in denen durch Buchsbaumanpflanzungen kleinere Felder mit jeweils einem Gewächs abgeteilt waren. Der steil abfallende Berghang zur Zwickauer Mulde, der heute dicht mit Bäumen bewachsen ist, war nicht bepflanzt, damit man von der Galerie des Lusthauses den Ausblick auf das Muldental genießen konnte.

Als Andreas Hardt die Lusthäuser theologisch deutete, muß er an das Rochsburger Lusthaus gedacht haben, denn der Text erwähnt Eigenheiten, die sich mit diesem Bau verbinden lassen: „Heutigen Tages zieren große Potentaten und Herren ihre Gärten auch / sonderlich / unter andern Gebäwden / mit schönen Lusthäusern / und lassen dieselben auch inwendig mit schönen Figuren und Gemälden / und aussen mit schönen Perspektiven zieren und zurichten / darauff man auch gehen kann / und des Gartens ganze Gebäwde überall betrachten." Mit den Figuren und Gemälden ist die Ausmalung im Sommersaal gemeint, während die Galerien, die einen Ausblick auf den Garten erlauben, damals als „Perspektiven" bezeichnet wurden.

Über die Nutzung des Lusthauses im 18. und 19. Jahrhunderts ist kaum etwas bekannt. Unter Graf Richard Clemens von Schönburg-Hinterglauchau wurde 1892 eine größere Umgestaltung vorgenommen. Im Erdgeschoß wurden sieben der neun Wandnischen zugesetzt. In der Achse der Kastanienallee baute man ein Renaissance-Sitznischenportal ein, das vermutlich aus einem abgerissenen Bürgerhaus aus Lunzenau oder Penig kam. Dieses Portal sitzt genau zwischen zwei ehemaligen Wandnischen und negiert die frühere Architekturgliederung. Außerdem paßt es sich nicht der Rundung der Außenfassade an. Unter der profilierten Holzbalkendecke wurde eine abgehängte Decke eingezogen. Danach erhielt der Erdgeschoßraum eine neue Ausmalung, die heute teilweise noch zu sehen ist: Die Wandflächen sind grau gefaßt. Durch farbige Leisten werden sie in rechteckige Felder gegliedert. Die Bereiche über den beiden Fenstern erhielten ein mit dem Pinsel getupftes Muster. Unter dem Stuckprofil, das zur Decke überleitet, verläuft eine Zierleiste aus Blattranken, unterbrochen durch Kugelmotive. An der Decke prangte das Wappen des Hauses Schönburg. Der Wappenschild liegt

Schloß Rochsburg. Lusthaus. Wandfelder des oberen Raumes vor der Sanierung. Aufnahme 2002

Schloß Rochsburg. Lusthaus. Reste der Ausmalung, 2005. Die Befunde sind bisher noch nicht vollständig frei-gelegt und restauriert worden.

auf dem kaiserlichen Doppeladler und ist mit einem Fürstenhut bekrönt. Die Ausmalung ist in der Zierleiste datiert und signiert: **Arthur Kroll 1892 15./8**.

Der Umbau veränderte auch die Dachsilhouette des Lusthauses. Leere Blattsassen in den Deckenbalken lassen erkennen, daß der Dachstuhl insgesamt abgesenkt wurde. Der untere, den äußeren Umgang in der Art einer Hutkrempe bedeckende Dachabschnitt war früher deutlich steiler ausgebildet. Der Obergeschoßraum war höher, wobei eine umlaufende Voute zum flachen Deckenspiegel überleitete. 1892 wurde diese Deckenkonstruktion durch eine einfache Flachdecke ersetzt.

Die Holzschutzmaßnahmen des späten 19. Jahrhunderts scheinen nicht sehr nachhaltig gewesen zu sein, denn schon in den 1920er Jahren traten wieder gravierende Schäden auf. Die Holzteile des Daches und des Umgangs waren durch Fäulnis und Schwammbefall geschädigt. Eine Sanierung erfolgte 1954/55 unter Beteiligung des Instituts für Denkmalpflege in Dresden. Dabei wurde die Brüstung teilweise erneuert, auch baute man im Obergeschoß neue Holz-fenster ein. Das Dach wurde mit Schiefer eingedeckt. Das Gartenschlößchen blieb aber ohne Nutzung, zumal die gräfliche Familie 1945 enteignet worden war. Die benachbarte Gärtnerei nutzte das Lusthaus gelegentlich, um Gartengeräte unterzustellen oder Pflanzen zu trocknen. Bedingt durch Leerstand und mangelnde Pflege verschlechterte sich der bauliche Zustand. Die Decke zwischen Erd- und Obergeschoß drohte herunterzustürzen und mußte notdürftig gesichert werden.

Während Schloß Rochsburg nach 1990 aus dem „Eigentum des Volkes" in den Besitz des Landkreises Mittweida überging, fiel das Grundstück mit dem Lusthaus, dem bewaldeten

Außenwall und der Kastanienallee an die Bodenverwertungs- und verwaltungs GmbH (BVVG) in Chemnitz, die es als landwirtschaftliche Fläche zum Kauf anbot, ohne zu wissen, daß ein denkmalgeschütztes Gebäude dazugehörte. Im Jahr 2002 erwarb ein Privateigentümer dieses Grundstück, um das sanierungsbedürftige Lusthaus vor dem Verfall zu retten.

Das Lusthaus befand sich in einem traurigen Zustand. Die Decke war teilweise eingestürzt. Eindringendes Regenwasser hatte Schäden am Dachwerk hervorgerufen und wertvolle Farbfassungen im Obergeschoß abgewaschen. Das Astwerk zu nahe am Bauwerk stehender Bäume hatte die Schieferdeckung zerschlagen, so daß das äußere Kranzgesims verfault war. Die Traufgebinde, der Dachkasten und die Deckenbalken über dem Obergeschoß waren vom Hausschwamm befallen. Der Laufgang drohte herunterzubrechen, während einige Säulen aus ihren Verzapfungen mit dem Gesims gerutscht waren. Ein Riß durchzog das Lusthaus vom Ostfenster bis zur Nordostseite. Das Gelände war verwildert und diente als Müllkippe.

Die 2004 abgeschlossene Restaurierung des Lusthauses war von der Absicht geleitet, so viel wie möglich vom historischen Bestand zu bewahren, zugleich aber eine zeitgemäße Nutzung zu ermöglichen. Im Obergeschoß wurde ein kleines, temporär genutztes Architekturbüro eingerichtet, wobei der lichtdurchflutete Saal ungeteilt erhalten blieb. Das Erdgeschoß bot sich für die funktionsbedingten Nebenräume an. Daraus ergab sich die Notwendigkeit, die beiden Geschosse durch eine innenliegende Treppe zu verbinden. Außerdem mußte eine Raumheizung vorgesehen werden.

Zur Wiederherstellung der statischen Sicherheit wurden die Mauerwerksrisse mit Traßkalkmörtel verpreßt. Alle Werksteine aus Rochlitzer Porphyrtuff wurden durch Verdübeln, Verkleben oder Antragung von Steinersatzmaterial repariert. Lediglich das rechte Gewändestück des Sitznischenportals mußte durch ein Neuteil ersetzt werden. Die Blockstufen der Außentreppe wurden nach Ausbau der rostenden Geländerstäbe vernadelt und dadurch gesichert. Dem folgte die Reparatur und Ergänzung des schmiedeeisernen Geländers. Der moderne zementhaltige Außenputz wurde abgeschlagen und durch einen Kalkputz ersetzt, wobei die gelbliche Abfärbung am Befund orientiert ist. Um die Galerie zu stabilisieren, mußten die Kragbalken hochgedrückt und unterkeilt werden. Vermorschte Hölzer waren auszutauschen. Der Laufbelag aus Eichenholz wurde erneuert, während sich die Geländerkonstruktion größtenteils wieder verwenden ließ.

Vor der Erneuerung der Schieferdeckung mußte das traditionell gezimmerte Dachwerk, der historischen Werkform entsprechend, repariert werden. Die vom Hausschwamm zerstörten Dachfußbereiche wurden erneuert, die hölzernen Balken der Schweifhaube durch Zulagen stabilisiert, wobei die komplizierte Geometrie des Bauwerks die Arbeiten erschwerte. Die verrostete Wetterfahne ist durch eine Kopie ersetzt worden. Die Türen sowie die Erdgeschoßfenster mußten neu angefertigt werden, während bei den Fenstern im Obergeschoß, die aus den 1950er Jahren stammen, eine denkmalgerechte Reparatur ausreichte.

Die einsturzgefährdete Zwischendecke ließ sich nicht halten. Sie wurde durch eine Stahlbetondecke ersetzt, die zugleich für die statisch erforderliche Aussteifung sorgt. An der Unterseite der neuen Stahlbetondecke wurden die alten Deckenbalken des 17. Jahrhunderts befestigt, die nun keine Last mehr zu tragen haben. Das auf die Decke gemalte Wappen

Schloß Rochsburg. Lusthaus im Winter

konnte gerettet werden. Es wurde abgenommen, restauriert und in einem Stahlrahmen an der Wand befestigt.

Im Erdgeschoß wurden die notwendigen Funktionsräume durch Ständerwände aus Gipskarton abgeteilt, die sich der konzentrischen Bauform des Lusthauses unterordnen. Die Wandnischen des 16. Jahrhunderts wurden freigelegt. Von der 1892 geschaffenen Ausmalung blieben Reste in den Bereichen außerhalb der Wandnischen erhalten. Der Hauptraum erhielt einen Fußbodenbelag aus handgestrichenen Tonplatten. Eine viertelgewendelte, traditionell gefertigte Holztreppe verbindet die beiden Geschosse.

Der Saal im Obergeschoß bekam eine neue Holzdielung. Die Ausmalung des 16. Jahrhunderts wurde gesichert, aber nicht ergänzt. Der Raum kann durch einen Warmluftofen beheizt werden. Der Schornstein wurde so an der Außenseite entlanggeführt, daß er in der Hauptachse nicht zu sehen ist.

Die neue Gartengestaltung wurde in Anlehnung an den geometrisch gegliederten Lustgarten des 17. Jahrhunderts entwickelt. Das Hauptparterre besteht aus neun quadratischen Feldern, wobei das Mittelfeld von einer Buchsbaumhecke eingefaßt wird. In den vier äußeren Feldern wachsen Eßkastanien. Die gestaltete Natur geht allmählich in den umgebenden Laubwald über. Wenn im Lusthaus Musik erklingt, wenn Bewohner und Gäste von der Galerie in den Garten schauen, dann lebt sie wieder auf, die Hofkultur der Herren von Schönburg.

„Da sindt die mauern sehr zerschellert"
Einblicke in eine „ewige" Baustelle

Günter Donath

Handschriftliche Turmnachrichten sind für Bauleute selbst im modernen Informations-zeitalter eine wichtige Sache geblieben! Als am 2. November 1998 Klempnermeister Böhme aus Boxdorf bei stürmischem Wetter die Turmkugel des Bergfrieds abnahm, fand er in einer Blechkapsel neben Münzen und Zeitungen aus verschiedensten Zeiten auch eine zunächst ganz unscheinbare, eng zusammengefaltete Notiz, die sich aber beim späte-ren Studium als sehr wichtige Nachricht erwies. Der mit umfangreichen Baureparaturen an der Rochsburg beauftragte Architekt Otto Rometsch aus Dresden berichtet dort näm-lich über den von ihm 1928 vorgefundenen Bauzustand. Das Schloß befand sich damals in einer beklagenswerten Situation, und sowohl an der hausschwammbefallenen Festsaal-decke als auch am Dachstuhl des Bergfried waren bauliche Maßnahmen erforderlich. Nahezu alle Zwerchhäuser mußten komplett erneuert oder zumindest repariert werden. In der unglaublich kurzen Zeit von drei Jahren wurde nahezu das gesamte Schloß baulich überholt. Als eine der Schadensursachen gibt Rometsch an, daß frühere Sanierungen nicht gründlich genug ausgeführt worden waren und die offenbar erneut eindringende Feuchtigkeit zu einem Wiederaufleben des Hausschwamms geführt hatte. Ähnliches wußte leider auch die Bauleitung aus dem damaligen Landbauamt Chemnitz zu berichten, die 1948 bis 1951 jene Teilbereiche des Schlosses erneuerte, welche man in den 1930er Jahren offenbar aus finanziellen Gründen nicht mehr hatte sanieren können. Ihre Berichte sind in den Bauakten sowie in der Turmkugel des Pulverturmes gefunden worden. Bei allen Aufzeichnungen verblüfft die Aktualität bei der Beschreibung der Bauschäden. Inhaltlich unterscheiden sie sich kaum von den Schadensbeschreibungen, die heute den Anträgen auf Denkmalpflegemittel beim Regierungspräsidium Chemnitz beigefügt werden, und manches erinnert an einen Bericht, der 1632 den Zustand der Rochsburg beschrieb. Dort heißt es: „Da sindt die mauern sehr zerschellert, thüren und fenster-stöcke zersetzt, das man durchsehen kann, die estriche zerklünzet und dessen [des Schlosses] ruin, so ihme mit kostbaren pfeilern nicht balde geholfen wird, ehist zu besor-gen. Ao. 1632 beim keyserlichen Einfall alle thüren zerschlagen undt nur geflickt, die schlosser zerbrochen undt ohne schlüssel, die fensterrahmen vom regen ganz zerfressen, mürbe und gebrechlich, alle seilberge voll riße, der tünch an vielen orten abgetreten, auch vom regen sehr abgewaschen, in den kehlen und försten [der Dächer] böse und und die knöpfe von auswendigen torfenstern meistenteils wegk."

Die Berichte zeigen, daß so ein gewaltiges bauliches Gebilde wie ein Schloß einer kontinu-ierlichen Baupflege und Unterhaltung bedarf, wenn nicht der Aufwand zur Sanierung kaum noch beherrschbare Ausmaße annehmen soll. Während damals das Landesamt für Denkmal-

Schloß Rochsburg. Die neue Wetterfahne des Pulverturms. Aufnahme März 1997

pflege Sachsen, der Landesverein Sächsischer Heimatschutz, das Wohlfahrtsministerium des Freistaates Sachsen und das Gräfliche Haus von Schönburg-Glauchau die Gelder bereitstellten, sind heute nach der deutschen Wiedervereinigung die Lasten anders verteilt. Der Freistaat Sachsen und die Bundesrepublik Deutschland fördern anteilig den denkmalbedingten Mehraufwand der Baumaßnahmen. Den Teil der Eigenmittel hat jedoch der Landkreis Mittweida als Eigentümer des einstigen Herrschaftssitzes allein zu schultern.

Nach dem Verfall der Roßmühle und dem Einsturz eines Abschnitts der Südwehrmauer in den 1940er Jahren war es etwa 65 Jahre nach der grundlegenden Sanierung unter Otto Rometsch wiederum nötig, ein ähnlich großes Pensum baulich zu bewältigen. Denn trotz sehr engagiert geführter Werterhaltungsarbeiten unter den schwierigen Bedingungen der maroden DDR-Wirtschaft konnte zwar dem weiteren Verfall zumindest partiell Einhalt geboten werden, jedoch waren durch Materialzwänge und fehlende Baukapazitäten die Grenzen des Machbaren sehr eng gesteckt.

Alle diese Überlegungen bildeten die Grundlage für eine systematische Planung der denkmalgerechten Sanierung des Schlosses. Die Baumaßnahmen sollten vor allem dem Erhalt der Substanz des 16. und 17. Jahrhunderts und der noch anzutreffenden Reste früherer Bauperioden dienen. Darüber hinaus galt es, auch den zeitlich gewachsenen Zustand der Burganlage, also das jetzt auf uns überkommene Miteinander der verschiedensten Stile und Bauelemente, in ihrer Gesamtheit und ihrem Zusammenhang zu bewahren. Den Planungsschritten mußten intensivste Bestands- und Befunduntersuchungen vorausgehen, um hinreichende Sicherheit für die jeweilige Entscheidung aus denkmalpflegerischer Sicht zu haben. Dazu wurde das gesamte Bauwerk inspiziert und dokumentiert und historische Bauakten ausgewertet. Die sich anschließende Bauzustandsanalyse wurde, wo nötig, durch fachspezifische Gutachten ergänzt. Nur so gelang es, einen hinreichend genauen Überblick über den Umfang der Bauschäden zu erhalten. Deren kritische Bewertung führt zu einem nach Prioritäten geordneten Maßnahmekatalog, wobei die gefahrenabwendenden Baumaßnahmen zur statisch-konstruktiven Sicherung einzelner Bauteile sowie das Verhindern des Eindringens von Wasser durch undichte Dächer oder Bauwerksrisse an vorderster Stelle standen. Erst danach kamen restauratorische Maßnahmen, gefolgt von funktionsbedingten Umbauten. Für mehr als ein Jahrzehnt bildete diese Prioritätenliste die Grundlage für eine Aufgliederung des vielgliedrigen Schloßkomplexes in einzelne Teilbaumaßnahmen.

Von entscheidender Bedeutung für das neue Sanierungskonzept war, das immer wieder beobachtete Eindringen von Feuchtigkeit anders als bisher zu bewerten. Es wurde nun nicht mehr als Ausgangspunkt für eine Vielzahl von Bauschäden gesehen, sondern als eine Folge nicht genügend beachteter Bauwerksbewegungen. Besondere Aufmerksamkeit wurde deshalb zunächst den komplizierten Baugrund- und Gründungsverhältnissen auf dem Burgberg zuteil. Der tiefere Untergrund der Rochsburg wird hauptsächlich durch einen Granulit-Felsstock gebildet, der an verschieden Stellen des Schlosses zutage tritt. Die Ostpartien der Burg ruhen auf sehr stark abfallenden plattigen Gneisschieferlagen. Darauf liegen locker die Verwitterungsprodukte der metamorphen Gesteine auf. Leider wurde beim Bau der Burg kein Wert auf ein Hinabführen der Grundmauern auf den festen Fels gelegt. In den seltensten Fällen sitzen diese unmittelbar auf dem Gestein auf, meist sind sie nur bis auf die wenig tragfähigen Lockergesteinsmassen geführt. Besonders bei starker Durchfeuchtung dieser Zone nach starken Niederschlägen werden durch defekte Kanalisationen und nicht gefaßtes Regenwasser die Feinbestandteile gelöst oder gar herausgewaschen, und die Schichten beginnen zu gleiten. Rißbildungen im aufgehenden Mauerwerk sind die Folge. Über diese Risse kann nun wiederum Feuchtigkeit eindringen und ihr zerstörerisches Werk beginnen. Daß „nur" die Grundmauern abzurutschen drohen und sich nicht der gesamte Felsstock bewegt, haben so genannte Inklinometermessungen an verschiedenen Punkten des Burgberges ergeben. Sie werden seit 1992 begleitend neben den Baumaßnahmen ausgeführt.

Historisches Mauerwerk kann Druckspannungen hervorragend, Zugspannungen jedoch nur sehr begrenzt aufnehmen. Einmal entstandene Risse können aber nicht nur durch eine Wand hindurchgehen, also quer von einer Seite zur anderen verlaufen, sondern sich auch parallel in Längsrichtung der Wand erstrecken. Dieses Versagen der Querzugspannungen der historischen Mauern wird durch deren mehrschaligen Aufbau begünstigt. Die meterdicken Grundmauern der Burg sind aus örtlich vorkommenden Bruchsteinen aufgeführt. Zwischen zwei gleichzeitig aufgemauerte Bruchsteinwänden, die in der Regel nicht durch Bindersteine miteinander verbunden waren, kamen die Mörtelreste, Hausteinabfälle und kleinere Bruchsteine hinein. So füllte man den gesamten Wandquerschnitt aus. Das äußere Bild dieser Wände sieht sehr ästhetisch aus: die Bruchsteine wurden meist flach liegend eingebaut und größere Fehlstellen mit kleinen Schottersteinen ausgezwickert. Etwa aller 40 bis 50 cm nahm man einen Ausgleich der Schichten vor, um wieder eine gerade Ausgangs-ebene für das Weitermauern zu erhalten. Der beim Aufmauern hervorquellende Mörtel wurde außen mit der Kelle geglättet und erhielt ein in den frischen Mörtel geritztes Fugenbild, um den Eindruck eines regelmäßigen Quadermauerwerks zu erzeugen. Der historische Versetzmörtel ist ein Kalkmörtel aus fein- und mittelkörnigem Sand von den Kiesgruben der näheren Umgebung. Er ist an den eingelagerten weißen Branntkalkbröckchen, den so genannten „Kalkspatzen", zu erkennen. Trotz des sehr qualitätvollen äußeren Bildes sind diese Mauern statische Schwachpunkte. Erst in der Bauphase unter Arnold von Westfalen verwendete man in regelmäßigen Verbänden vermauerte Backsteine für das aufgehende Mauerwerk. Somit sind diese Mauerwerkspartien zwar sicherer und besser; sie bleiben aber dennoch gefährdet, wenn sie auf den mittelalterlichen Grundmauern aufsitzen.

Bei einem Versagen des Untergrundes oder bei Eindringen von Wasser in das Wandinnere konnte es passieren, daß eine der beiden Wandschalen wegrutschte. Meist war es wegen der großen Höhenunterschiede zwischen der höher gelegenen Fußbodenebene innen und dem Wandfuß außen die äußere Schale. Damit stand aber nur noch ein geringer Anteil der ursprünglich meterdicken Mauer für die Ableitung der einwirkenden Lasten zur Verfügung, die zum Beispiel aus den Gewölben, Holzbalkendecken und Dachstühlen kommen. Auch unter statischer Überbeanspruchung bauchen die beiden Schalen dieser Wände aus, bis die Querzugkräfte in den Wänden nicht mehr aufgenommen werden können und sie daraufhin einstürzen. Auf diese Art und Weise muß es zum Einsturz von Teilen der Südwehrmauer gekommen sein. Der stehengebliebene Rest der Südwehrmauer, große Bereiche der nördlichen Zwingermauer mitsamt der Eckbastion und der turmartige Bau an der Nordwestecke der Kernburg wiesen bereits ähnliche Schadensbilder der Rißbildungen und Ausbauchungen, ja sogar deutliche Schiefstellungen auf und signalisierten damit ihre akute Gefährdung.

Ein Schwerpunkt der zuerst durchzuführenden Maßnahmen mußte also die Konsolidierung der baustatischen Probleme in den gefährdeten Bereichen des Schlosses sein. Die Maßnahmen zur Aufnahme der Querzugspannungen in den Wänden, zur Sicherung der Grundmauern und zur Rissesanierung sollten dabei in einem inneren Zusammenhang stehen und einem einheitlichen Konzept folgen: Um die auseinanderdriftenden Wandschalen miteinander zu verbinden, wurde das Mauerwerk vernadelt und dazu in einem Rasterabstand vom einem Meter mit schräg geneigten Bohrungen versehen. In die Bohrlöcher wurden kurze Edelstahlstangen eingefädelt und anschließend das Mauerwerk mit einem Spezialmörtel verpreßt. An den Mörtel werden dabei hohe Anforderungen gestellt. Er muß sowohl mit dem Baugestein, dem Fels des Untergrunds und den historischen Kalkmörteln mineralogisch und chemisch verträglich sein, nicht so starr wie Zement, sondern weich und elastisch und trotzdem die statisch geforderten Festigkeitswerte nach dem Aushärten erreichen. Der an der Rochsburg verwendete Suevittraßkalk und -zement erfüllt nicht nur diese Anforderungen, sondern fügt sich auch in seiner Farbigkeit gut in das Mauerwerksbild ein. Das Naturprodukt Suevit, entstanden infolge eines Meteoriteneinschlags, wird im Nördlinger Ries in Bayern abgebaut. Der an der Südwehrmauer einmal entwickelte und in Laborversuchen getestete

Schloß Rochsburg. Giebelspitze. Aufnahme Mai 2000

Schloß Rochsburg. Dachfläche mit beschädigter Schieferdeckung. Aufnahme März 1997

Schloß Rochsburg. Dachdeckerarbeiten im Oktober 2001

Schloß Rochsburg. Einbau eines neuen Gesimsteils aus Porphyrtuff im August 2002

Schloß Rochsburg. Schäden am Dachfuß des Ost-flügels. Aufnahme November 1998

Schloß Rochsburg. Sanierung der südlichen Wehr-mauer. Aufnahme Juli 1993

Schloß Rochsburg. Anker im Mauerwerk des Westflügels nach dem Verpressen. Aufnahme August 2002

Mörtel wurde vorgefertigt als Werktrockenmörtel geliefert. Er ist bisher konsequent in allen Teilbauabschnitten eingesetzt worden. Durch genau dokumentierte Rezepturangaben ist gewährleistet, daß auch bei künftigen Arbeiten immer wieder identische und miteinander verträgliche Mörtel zum Einsatz kommen.

Der Spezialmörtel wurde relativ dünnflüssig von unten nach oben ansteigend über kleine Röhrchen in das Mauerwerk gepreßt. Dabei wurden alle Hohlräume ausgefüllt und beide Mauerwerksschalen sowie der lockere Mauerwerkskern zu einem homogenen Körper verbunden. Die Lockergesteinsmassen unterhalb der Grundmauern wurden ebenfalls mit verpreßt und Mauerwerk und Fels durch Felsanker sicher miteinander verdübelt und rückverhängt. Teilweise waren die Gründungsverhältnisse jedoch so problematisch, daß die Grundmauern auf Bohrpfähle abgesetzt werden mußten. Immer drei armstarke, bis zu 6 m lange Stahlstangen bilden einen „Dreibock" im Untergrund. Diese Böcke wurden im Abstand von vier bis sechs Metern angeordnet. In dem durch Vernadeln und Verpressen stabilisierten Mauerwerk der Grundmauern konnte so die Tragwirkung von Gewölben hergestellt werden, deren Widerlager die Böcke darstellen und auf deren Oberseite das aufgehende

*Schloß Rochsburg. Eingerüsteter Giebel
des Westflügels. Aufnahme Juli 2002*

Mauerwerk sitzt. Nun konnten auch die Risse in den Mauerwerkskörpern saniert werden. Oft
liefen diese vom Fundament bis zum Traufgesims hindurch. Ähnlich wie beim Verdübeln der
beiden Wandschalen miteinander wurden links und rechts der Rißflanken zielgerichtete
geneigte Bohrungen schräg in die Wand getrieben, die sich im Inneren der Mauer im Riß-
bereich kreuzen. Lange Edelstahlstangen wurden in die Bohrkanäle eingefädelt und anschließend verpreßt. Dieses Verfahren stand auch für den Einbau horizontaler Verankerungen zur
Verfügung, so wie sie beim nachträglichen Einbau von Ringankern an der Nordwestecke der
Kernburg oder von Spannankern im West- und im Nordflügel erforderlich waren. Auch
ganze Gebäudeteile, etwa die Ostwand der Schloßkapelle und die runde Eckbastion der
Nordwehrmauer, wurden mit dieser Methode rückverhängt.

Gegen eindringende Nässe mußten die Mauern schon immer geschützt werden. Auch
wenn wir heute unverputztes Bruchsteinmauerwerk sehr mittelalterlich finden, so gab es
doch dieses romantische Bild nie. Bereits bei den ersten Steinbauten der Burg finden wir die
pietra-rasa-Technik der Oberflächenbehandlung der Wände. Die Steine und der an die
Steinköpfe herangewischte Versetzmörtel bildeten eine beinahe ebene Fläche. Mit dem

Schloß Rochsburg. Westflügel. Schadenskartierung. Zeichnung Architekturbüro Günter Donath, Juni 2002

Schloß Rochsburg. Der eingerüstete Westflügel. Aufnahme Oktober 2001

Andeuten von Quadermauerwerk durch Ritzungen erhielt das Mauerwerk eine ästhetische Qualität, die noch durch einen auf den frischen Mörtel aufgebrachten Kalkanstrich gesteigert wurde. Bildhauerisch bearbeitete Werksteine aus Rochlitzer Porphyrtuff erhielten rote Steinlasuren, die man aus Porphyrmehl und Kasein herstellte. Bereits damals hat es das Bild des Kontrastes von rot gefaßten Architekturgliedern zu den weißen Wandflächen gegeben, das auch heute noch das Aussehen des Schlosses prägt. Später wurde eine dickere Putzhaut vereinheitlichend über das Mauerwerk gezogen, wobei man aber immer die ursprüngliche Farbigkeit wiederholte. Dabei wurde die Form der unregelmäßig in die Bruchsteinmauern einbindenden Porphyrwerksteine durch Anarbeiten von feinem Putzmörtel begradigt und idealisiert. Die so ergänzten Putzbereiche wurden dann rot überstrichen oder zu weit in die Wand übergreifende Werksteinteile durch Kalken weiß abgedeckt. Trotz aller Zerstörungen und Umbauten wurde dieses Prinzip durch alle Bauepochen hinweg beibehalten. Erst 1928 wurde dieses Bild im Sinne einer falsch verstandenen Burgenromantik verändert: Dicke gelbe, wie mit der Schaufel angeworfen wirkende Putzschalen wurden aufgetragen, wobei alle Gewände- und Ecksteine und auch zufällig in der Wand vermauerte Porphyrwerksteine freigelassen und betont wurden.

Durch restauratorische Befunduntersuchungen konnte die Fassungsabfolge relativ genau ermittelt werden. Im Innenhof der Kernburg haben sich zudem an witterungsgeschützten Bereichen der Süd- und der Westseite zusammenhängende, farbig gefaßte Putzflächen aus dem 17. Jahrhunderts erhalten. Damit waren wesentliche Grundlagen für die denkmalpflegerische Konzeption gegeben, die nun allen Architekturplanungen und der praktischen Durchführung zugrunde gelegt wurde. Anhand der Befundlage sollte das Aussehen des Schlosses in der Zeit der Spätrenaissance wieder erlebbar gemacht werden. Für Irritation sorgte ein Baubefund an der Nordfassade: Der Restaurator glaubte, an einer Stelle ein helles Rosa als Farbfassung der Traufgesimse und Werksteine ausgemacht zu haben, und deswegen wurden die Architekturglieder an der Nordfassade 1997 in diesem Farbton abgefärbt. Leider stellte sich das als eine Fehlinterpretation heraus, aber vergleichbare Ergebnisse von anderen Gebäudeteilen standen damals noch nicht zur Verfügung. Alle weiteren Abfärbungen konnten dann allerdings nach gesicherter Befundlage in kräftigem Rot mit aufgemalten weißen Fugen durchgeführt werden. Für die Gestaltung der Fassaden wurde, entsprechend den Originalputzbeständen, ein Kellenputz mit grober Sandstruktur, weiß gekalkt, vorgesehen. Dabei müssen wir in Kauf nehmen, daß jahrzehntelang durchnäßte und versalzte Wandbereiche den neuen Farb- und Putzauftrag wieder abstoßen werden. Diese Bereiche müssen – wie es früher selbstverständlich war – in regelmäßigen Abständen mit Kalk ausgebessert werden. Nicht nur die wichtigen Architekturglieder der Fassade, sondern auch die Holzteile, besonders beim Wehrgang, wurden porphyrrot gestrichen und bei Fachwerk mit Begleitlinien versehen. Neue Holzfenster wurden in historischer Teilung angefertigt und teilweise, etwa im Festsaal des Westflügels, mit bleigefaßten Butzenscheiben ausgestattet.

Die Altdeutsche Schieferdeckung der Dächer (Kernburg, Vorburg, Wehrgang, Wachturm) wurde, wo es möglich war, nur erhalten und durchrepariert. Teilweise waren noch Reste der ursprünglichen Dachdeckung aus kleinteiligen dicken Pennaer Schieferplatten zu finden. Diese sollten in die Dachdeckung mit integriert oder als baugeschichtliches Dokument geborgen werden. Neueindeckungen wurden in Analogie zur historischen Dachdeckung mit Thüringer Schiefer in gleicher Steingröße und Deckungsart ausgeführt. Dachrinnen und ausreichend bemessene Fallrohre waren neu anzubringen und Simsabdeckungen mit Walzblei neu anzufertigen. Bei den Dachwerken des 16. und 17. Jahrhunderts handelt es sich um Pfettendachstühle aus Tannen- und Kiefernholz, ganz klassisch ausgeführt in vorzüglicher Zimmermannsarbeit. Alle im Dachgeschoß sichtbar belassenen Konstruktionshölzer waren profiliert, die Profilierungen enden in Schiffskehlen und waren farbig gefaßt. Große Bereiche dieser Dachstühle – die Schwellen, Balkenköpfe und Sparrenfüße – mußten aufgrund des unvorstellbar großen Hausschwammbefalls vollkommen erneuert werden. Es wurde versucht, die erforderlichen Rückschnittlängen auf ein vertretbares Maß zu reduzieren und mit traditionellen Methoden wie dem Anschäften von Hölzern gleicher Art und Abmessung über stehende Blätter zu arbeiten. Selbstverständlich wurden überall die Profilierungen wieder ergänzt. Wichtig war es, für eine ordentliche Hinterlüftung des Dachfußes zu sorgen. Dazu wurden durch Anheben der Traufbohlen über die gesamte Trauflänge Zuluftschlitze geschaffen, die mit Insektenschutzgittern versehen sind. Vom Schwammbefall betroffene Mauerwerksbereiche wurden mit flüssigen Holzschutzmitteln verpreßt. Bleifolien unter den neuen Eichenholzschwellen der Sparren- und Deckenbalkenauflager wirken als Schwammsperren und sollen künftig einen Wiederbefall der sanierten Balken verhindern. Nicht kontrollierbare Bereiche wie die Balkenköpfe der Decken wurden mit „Sticks" versehen. Das sind Depots von Holzschutzsalzen, die bei einem erneuten Aufleben des Schwammbefalls angefeuchtet werden und sich dadurch auflösen.

Der Dielenfußboden im oberen Dachboden war ursprünglich komplett mit einer dicken Lehmschicht versehen. Aus heutiger Sicht hat sich diese als Brandschutz gedachte Maßnahme des 16. Jahrhunderts bestens bewährt. Zudem stellt der Lehmschlag einen hervorragenden Klimapuffer für die darunterliegenden Räume dar Die Lehmschicht wurde beibehalten, wobei Fehlstellen zu ergänzen waren. Die Zwerchhäuser, ein markantes Gestaltungselement des Schlosses, waren mit all ihren Details in der angegebenen Farbgestaltung zu erhalten.

Bei der Sanierung der Innenräume sollte die Raumstruktur des 16. und 17. Jahrhunderts soweit wie möglich wiederhergestellt werden. Vorhandene Balkendecken und Originalputze waren zu sichern, freigelegte Farbigkeiten und Originalmalereien zu restaurieren. Die baustatische Ertüchtigungen von vorhandenen Bauteilen sollten Vorrang vor dem Ersatz der Konstruktion haben. Dadurch fanden auch modernste Sanierungs- und Restaurierungstechnologien ihren Eingang: Durch mit Kunstharz verklebte Edelstahl-Gewindestangen wurden die Schiffskehlen-Deckenbalken im ersten und zweiten Obergeschoß des Westflügels zu einem Verbundquerschnitt zusammengefügt. Darüber gelegte Leimholzbinder, deren Durchbiegung mittels eingeklebten Karbonfasern begrenzt wurde, bilden im Verbund mit speziellen Sperrholztafeln nach dem Prinzip der Plattenbalkendecke ein neues Deckentragwerk mit einer hohen, für Konzert- und Versammlungsräume ausgelegten Tragfähigkeit. Um die Brandschutzanforderungen zu erfüllen, wurden neue Brandschutztüren konzipiert, die aber in ihrer Gestaltung aus dem Bestand heraus entwickelt wurden. Für das sichere

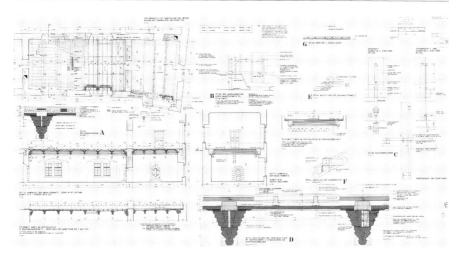

Schloß Rochsburg. Sanierung der Holzbalkendecke im Westflügel. Zeichnung Architekturbüro Günter Donath, November 1998

Begehen der ausgetretenen Stufen in den Wendelsteinen sorgen Antragungen aus kunststoffmodifizierten Mörteln, die sich kaum vom Rochlitzer Porphyrtuff unterscheiden.

Es galt nun, für die praktische Umsetzung der Sanierungs- und Restaurierungsarbeiten und vor allem für die Finanzierung eine sinnvolle Strategie zu entwickeln. Das Konzept von 1928, nahezu die gesamte Burganlage mit gewaltigen Eingriffen in die Substanz innerhalb von drei Jahren zu restaurieren, konnte nicht das Ziel sein. Die Nutzung des Schlosses und der Museumsbetrieb als nicht unwesentliche Einnahmequelle durften durch die Arbeiten nicht wesentlich beeinträchtigt werden. Das Schloß sollte für Besucher immer zugänglich sein und auch während der Bauarbeiten im öffentlichen Bewußtsein bleiben. Dazu mußte die Gesamtplanung in viele kleine Einzel- und Teilbaumaßnahmen zerlegt werden. Das Maß dafür war die Größenordnung, die am Schloß jeweils in einem Jahr sinnvoll, behutsam und qualitätsgerecht ohne unnötigen Termindruck verbaut werden konnte (Jahresscheiben). Mit einem Planungsvorlauf von etwa ein bis zwei Jahren wurden in regelmäßigen Abständen finanzielle Mittel beim Referat Denkmalschutz im Regierungspräsidium Chemnitz beantragt. Die nach dem „Jährlichkeitsprinzip" zugewendeten Denkmalpflegefördermittel kamen von der Bundesrepublik Deutschland im Rahmen des Programms „Dach und Fach", aus Programmen des Bundesinnenministers und vom Freistaat Sachsen. Den nicht unerheblichen finanziellen Grundstock der Eigenmittel brachte der Landkreis Mittweida auf. Damit waren alle Voraussetzungen für die Umsetzung eines großen Bauprogramms gegeben, das sich weit über ein Jahrzehnt erstreckte und heute noch andauert.

Schloß Rochsburg. Reparatur der profilierten Holzbalkendecke im Dachgeschoß des Westflügels. Aufnahme August 2002

Den Auftakt der Baukampagne bildeten 1992 die Sanierung der einsturzgefährdeten Süd-wehrmauer, nachdem zuvor schon in einer kühnen Aktion das Gewölbe der Schloßkapelle gesichert worden war. Dachreparaturen und Schwammsanierung in den bewohnten Bereichen des Südflügels schlossen sich 1993 an. Es folgten Dach- und Fassadenarbeiten am Nordflügel der Kernburg. Hier lag der Schwerpunkt auf der konstruktive Sicherung des nordwestlichen Eckturms, dessen Wände lange Risse aufwiesen und schon mächtig ausbauchten. Da vom Pulverturm immer wieder Schieferplatten herabfielen und die Wet-terfahne nach einem Sturm ganz schief gestellt war, mußte die Sanierung dieses Turmes eingeschoben werden. Es folgte die Sanierung der seit der Mitte der 1980er Jahre bauauf-sichtlich gesperrten Decke über dem Festsaal im Westflügel. Ein Höhepunkt war die Restaurierung des Bergfrieds. Nach der aufwendigen Sanierung der Turmhaube und der kunstvoll konstruierten Turmtreppe konnten am 11. März 1999 die erneuerte Turm-kugel und die Wetterfahne wieder auf die Turmspitze des Bergfrieds gesetzt werden. Das im Dachboden aufgefundene historische Uhrwerk wurde zu neuem Leben erweckt. Stun-den- und Viertelstundenschlag erklingen durch Anschlagen an zwei alte Glocken, wäh-rend ein teils nach Befunden, teils frei rekonstruiertes Zifferblatt die Zeit anzeigt. Der Bergfried ist in den Ostflügel eingebunden, der in den folgenden Jahren restauriert wer-den konnte. In die ehemalige Schwarzküche wurde eine Toilettenanlage eingebaut und in der Schloßkapelle St. Annen konnte der Altaraufsatz nach jahrelanger Restaurierung an seinen angestammten Platz zurückkehren, nachdem man den Altarunterbau auf eine setzungssichere Stahlbetonplatte gestellt hatte. Bis 2004 dauerten die umfassenden Sanie-

Schloß Rochsburg. Blick von Nordosten. Aufnahme 2004

rungsarbeiten am Westflügel mit dem Tunneltor und seinem eisenbeschlagenen Torflügel sowie am spätgotischen Wendelstein an. 2005 konnte in der Vorburg eine kleine Gaststätte in Betrieb genommen werden. Sie ist eine sinnvolle Ergänzung zum 2002 restaurierten Festsaal im Südflügel, der seitdem als Trausaal genutzt wird.

Wie Spinnennetze hielten fünfzehn Jahre lang kühne filigrane Gerüstkonstruktionen die Schloßgebäude umfangen. Jeder Bauabschnitt war für sich genommen eine Herausforderung an Architekten und Bauhandwerker. Nicht ohne Stolz kann berichtet werden, daß fast alle Arbeiten an sächsische, darunter viele aus der Region stammende Firmen vergeben werden konnten. Daraus läßt sich schlußfolgern, daß nicht nur denkmalpflegerische Fertigkeiten allein, sondern auch ein hohes Maß an Heimatliebe den Ansporn zur Arbeit gaben. Mögen eine gesicherte Haushaltlage, ein engagierter Bauherr und weitsichtige Planungsschritte dazu beitragen, den einmal eingeschlagenen Sanierungsweg konsequent fortzusetzen! Unsere Erfahrungen, aber auch unsere Freude am gelungenen Werk, unsere Sorgen und Nöte, Erfolge und fehlgeschlagene Erwartungen halten wir wieder in Turmnachrichten und Aufzeichnungen fest. Spätere Generationen werden das, wie wir nun wissen, genau bewerten!

Anhang

Literatur

Bachmann, Walter: Die Rochsburg. In: Landesverein Sächsischer Heimatschutz. Mitteilungen 17 (1928), Heft 5/6, S. 221–246

Baudisch, Susanne (Bearb.): Burgen und Herrensitze in Nordwestsachsen. Teil I: Burgen und Herrensitze. Teil 2: Schriftquellen. Regis-Breitingen 1996

Baudisch, Susanne: Lokaler Adel in Nordwestsachsen. Siedlungs- und Herrschaftsstrukturen vom späten 11. bis zum 14. Jahrhundert. Köln, Weimar, Wien 1999.

Beeger, Dieter: Die Freiberger Bildhauer-Familie Lorentz. In: Mitteilungen des Landesvereins Sächsischer Heimatschutz 2004, Heft 3, S. 28–33

Beil, Arthur: Rochsburg im Besitz der Landesherren. In: Neues Archiv für Sächsische Geschichte und Altertumskunde 37 (1916), S. 1–15

Beil, Arthur: Wie es 1790 in der Rochsburg zuging. In: Aus der Heimat für die Heimat. Beiblatt zum Burgstädter Anzeiger und Tageblatt 1914, Heft 1

Beil, Arthur: Rochsburg. In: Aus der Heimat für die Heimat. Beiblatt zum Burgstädter Anzeiger und Tageblatt 1919, Heft 6–9, 1920, Heft 1–5

Beil, Arthur: Die Herrschaft Rochsburg im Dreißigjährigen Krieg. In: Aus der Heimat für die Heimat. Beiblatt zum Burgstädter Anzeiger und Tageblatt 1914, Heft 2

Billig, Gerhard und Müller, Heinz: Burgen. Zeugnisse sächsischer Geschichte. Neustadt a. d. Aisch 1998

Billig, Gerhard: Pleißenland – Vogtland. Das Reich und die Vögte. Untersuchungen zu Herrschaftsorganisation und Landesverfassung während des Mittelalters unter dem Aspekt der Periodisierung. Plauen 2002

Delang, Steffen: Betrachtungen zur sächsischen Schloßbaukunst der Renaissance. in: Denkmalpflege in Sachsen. Mitteilungen des Landesamts für Denkmalpflege Sachsen 2000, S. 65–66

Die Rochsburg und ihre Umgebung. Hrsg. vom Museum Schloß Rochsburg. Burgstädt 1975.

Die Schönburger. Wirtschaft, Politik, Kultur. Glauchau 1990

Dietze, Walburg: Die Steinmetz- und Bildhauerfamilie Lorentz – ein Beitrag zur Freiberger Schule in der Zeit von etwa 1525/30 bis zum Dreißigjährigen Krieg. Diplomarbeit an der Martin-Luther-Universität Halle-Wittenberg. Halle 1986

Dietze, Walburg: Die Freiberger Bildhauerschule zwischen Reformationszeit und Dreißigjährigem Krieg. Dissertation an der Martin-Luther-Universität Halle-Wittenberg. Halle 1991

Distel, Theodor: Meister Arnold (Schlußbemerkungen). In: Archiv für die Sächsische Geschichte. Neue Folge 5 (1879), S. 282–287

Donath, Matthias: Der wettinische Schloßbau des 15. Jahrhunderts (Teil 1). In: Burgenforschung aus Sachsen 15/16 (2003), S. 127–152

Donath, Matthias: Der wettinische Schloßbau des 15. Jahrhunderts (Teil 2). In: Burgenforschung aus Sachsen 17/1 (2004), S. 51–72

Donath, Matthias: Bemerkungen zum Bautyp der Moritzburg in Halle/Saale. In: Burgen und Schlösser in Sachsen-Anhalt 12 (2003), S. 213–214

Dülberg, Angelika: Wand- und Deckenmalereien vom 15. bis zum ausgehenden 17. Jahrhundert in Freiberger Bürgerhäusern. In: Denkmaltopographie Bundesrepublik Deutschland. Denkmale in Sachsen. Stadt Freiberg. Beiträge. Band III. Hrsg. v. Yves Hoffmann und Uwe Richter. Freiberg 2004, S. 850–851

Finger, Birgit: Burg- und Schloßkapellen der Spätgotik in Obersachsen. In: Denkmalpflege in Sachsen 1894-1994. Zweiter Teil. Halle 1998, S. 303–304

Gräßler, Ingolf und Thieme, André: Die Burgen Drachenfels und Zinnberg und die Entstehung von Penig. In: Burgenforschung aus Sachsen 15/16 (2003), S. 21–51

Hardt, Andreas: Geist- und weltlicher Garten-Baw / In welchem die heilige Biebel einem leiblichen Lust-Garten / und der Sohn GOTTES CHRISTUS JESUS einem verständigen und wohlerfahrnen Gärtner sambt beyderseits Umbständen verglichen / und unter andern nützlichen Sachen berichtet wird [...]. Leipzig 1648

Hoffmann, Yves: Zur Datierung von Wohntürmen und Bergfrieden des 11. bis 13. Jahrhunderts auf sächsischen Burgen. In: Historische Bauforschung aus Sachsen. Arbeitsheft 4 des Landesamts für Denkmalpflege Sachsen. Dresden 2000, S. 51–52

Hofmann, Reinhold: Zur Baugeschichte der Rochsburg. In: Schönburgische Geschichtsblätter 3 (1896/97), S. 34–62

Karsch, Karl-Heinz: Schloß Rochsburg. Leipzig 1982

Karsch, Karl-Heinz: Zur Baugeschichte des Schlosses Rochsburg unter besonderer Berücksichtigung der Entwicklung im 15. und 16. Jahrhundert. Diplomarbeit an der Martin-Luther-Universität Halle-Wittenberg. Halle 1984 [Exemplar im Museum Schloß Rochsburg]

Karsch, Karl-Heinz: Die Rochsburg. Neue Forschungen zur Baugeschichte. In: Mitteilungen des Landesvereins Sächsischer Heimatschutz 1993, Heft 2, S. 7–10

Karsch, Karl-Heinz: Die Rochsburg. Regensburg 1996

Löscher, Hermann: Geschichte der Stadt Lunzenau. Burgstädt 1933

Magirius, Heinrich: Die Werke der Freiberger Bildhauerfamilie Ditterich und die lutherische Altarkunst in Obersachsen zwischen 1550 und 1650. In: Die Hauptkirche Beatae Mariae Virginis in Wolfenbüttel. Hannover 1987, S. 171

Magirius, Heinrich: Die Hoflößnitz: Lusthaus, Schloß oder Weingut? Ein Beitrag zur Typologie der Architektur des 16. und 17. Jahrhunderts in Kursachsen. In: 600 Jahre Hoflößnitz. Historische Weingutanlage. Dresden 2001, S. 39–46

Müller, Johannes: Zur Geschichte Rochsburgs und seiner Herren. Waldenburg 1887

Röber, Wolf-Dieter: Schönburgische Burgen und Schlösser im Tal der Zwickauer Mulde. Beucha 1999, S. 77–90

Rogge, Jörg: Herrschaftsweitergabe, Konfliktregelung und Familienorganisation im fürstlichen Hochadel. Das Beispiel der Wettiner von der Mitte des 13. bis zum Beginn des 16. Jahrhunderts. Stuttgart 2002

Rübsamen, Dieter: Kleine Herrschaftsträger im Pleißenland. Studien zur Geschichte des mitteldeutschen Adels im 13. Jahrhundert. Köln, Wien 1987

Schirmer, Uwe: Untersuchungen zur Herrschaftspraxis der Kurfürsten und Herzöge von Sachsen. Institutionen und Funktionseliten (1485–1513). In: Hochadelige Herrschaft im mitteldeutschen Raum (1200 bis 1600). Formen – Legitimation – Repräsentation. Hrsg. v. Jörg Rogge und Uwe Schirmer. Stuttgart 2003, S. 305–378

Schlesinger, Walter: Die Landesherrschaft der Herren von Schönburg. Eine Studie zur Geschichte des Staates in Deutschland. Münster, Köln 1954

Steche, Richard: Beschreibende Darstellung der älteren Bau- und Kunstdenkmäler des Königreichs Sachsen. Bd. 14. Amtshauptmannschaft Rochlitz. Dresden 1890, S. 82–89

Streich, Brigitte: „... uf das des marschalks ... schrift und beger nicht verachtet werden dorfft ...". Der „Fall" des Obermarschalls Hugold von Schleinitz († 1490). In: Der Fall des Günstlings. Hofparteien in Europa vom 13. bis zum 17. Jahrhundert. 8. Symposium der Residenzen-Kommission der Akademie der Wissenschaften zu Göttingen. Hrsg. v. Jan Hirschbiegel und Werner Paravicini, Stuttgart 2004. S. 329–364

Teichert, Oscar: Geschichte der Ziergärten und der Ziergärtnerei in Deutschland während der Herrschaft des regelmässigen Gartenstyls. Berlin 1865, S. 158

Thieme, André: Die Burggrafschaft Altenburg. Studien zu Amt und Herrschaft im Übergang vom hohen zum späten Mittelalter. Leipzig 2001

Thieme, André (Hrsg.): Herzog Albrecht der Beherzte. Ein sächsischer Fürst im Reich und in Europa. Hrsg. v. André Thieme. Köln, Weimar, Wien 2002

Thieme, André: Landesherrschaft und Reichsunmittelbarkeit. Beobachtungen bei den Burggrafen von Meißen aus dem Hause Plauen und anderen Nachfolgefamilien der Vögte von Weida, Gera und Plauen. In: Hochadelige Herrschaft im mitteldeutschen Raum (1200 bis 1600). Formen – Legitimation – Repräsentation. Hrsg. v. Jörg Rogge und Uwe Schirmer. Stuttgart 2003, S. 135–161

Thieme, André: Pleißenland, Reich und Wettiner. Grundlagen, Formierung und Entwicklung der terra plisnensis bis zur Mitte des 13. Jahrhunderts. In: Tegkwitz und das Altenburger Land. 976/2001 – 1025 Jahre Ersterwähnung von Altenburg und Orten im Altenburger Umland. Hrsg. v. Peter Sachenbacher, Ralph Einicke und Hans-Jürgen Beier. Langenweißbach 2003, S. 39–61

Weber, Friedrich Benedikt: Des Grafen Heinrich Ernst von Schönburg-Rochsburg Handschriftliche Nachrichten über seine Wirtschaftsführung in Rochsburg in Sachsen. 2 Bände. Halle 1828

Weber-Karge, Ulrike: „...einem irdischen Paradeiß zu vergleichen..." Das Neue Lusthaus in Stuttgart. Untersuchungen zu einer Bauaufgabe der deutschen Renaissance. Sigmaringen 1989

Bildnachweis

Museum Schloß Rochsburg: Einband vorn, Vorsatz vorn, Titel, S. 6, 8, 10, 17, 19, 35, 36, 39, 42, 45, 48 oben, 48 unten, 49, 50, 51 links, 51 rechts, 52, 57, 59, 74, 77, 80, 81, 84, 91, 99 oben, 102, 103, 104, 112, 118

Museum und Kunstsammlung Schloß Hinterglauchau, Glauchau: S. 40, 44, 46

Landesamt für Denkmalpflege Sachsen, Dresden: S. 101

Architekturbüro Günter Donath, Wilsdruff: S. 82, 86, 89, 96, 109, 114, 115, 120, 123, 124, 125, 126 oben, 126 unten, 129, 130

Matthias Donath, Wilsdruff: S. 9, 28, 30, 33, 43, 62, 64, 66, 71, 73, 78, 83, 85, 87 oben, 87 unten, 88, 92, 93, 95, 97, 99 unten, 116, 131, Vorsatz hinten, Einband hinten

Matthias Donath, Wilsdruff, Archiv: S. 25, 68, 69, 111

Literaturempfehlungen

Matthias Donath

Spätgotische Giebel in Sachsen

ISBN 3-934544-07-X, 2001, 14,7 x 21, geb., 144 Seiten mit 90 Abbildungen /2 Karten

Von der Kunstgeschichte bisher kaum wahrgenommen – die spätgotischen Backsteingiebel im sächsischen Raum, d.h. in den Grenzen des sächsisch-wettinischen Staates vor der Teilung von 1485. Obwohl man den Begriff des Backsteingiebels herkömmlich mit Norddeutschland verbindet, handelt es sich bei den reich geschmückten Giebeln hierzulande keineswegs um ein singuläres Phänomen, sondern um eine die gesamte sächsische Kunstlandschaft, das Aussehen von Kirchen, Schlössern, Rathäusern und Bürgerhäusern zwischen Halle, Weimar und Dresden prägende Bauform des späten Mittelalters. Über 100 Giebel konnte der Autor in einer systematischen Bestandsaufnahme untersuchen und fotografieren.

Matthias Donath/Steffen Wirtgen

Der Meißner Dom. Monument sächsischer Geschichte

ISBN 3-934544-33-9, 202, 24 x 30 cm, geb., 192 Seiten mit 105 Farb- und 35 SW-Fotografien

Der Dom zu Meißen gehört zu den großen europäischen Kathedralen. Mit seinen markanten Türmen bestimmt er die Silhouette der Stadt an der Elbe. Mehr als tausend Jahre wechselvollen Lebens sind mit dem Dom verbunden, der wie kein anderes Bauwerk die Geschichte und Kultur des sächsischen Landes verkörpert. Beeindruckende Bilder verbinden sich mit einer lebendigen Darstellung des historischen und kunstgeschichtlichen Hintergrunds, ergänzt durch Landkarten, Urkunden aus dem Domarchiv zur Geschichte der Kathedrale, des Hochstifts Meißen und des Domkapitels. Nach Abschluß der Restaurierungsarbeiten 2002 kann man nun den gesamten Bau, die Kapellen und Kunstwerke wieder in ihrer ursprünglichen Erscheinung erleben. Dies vermitteln die großartigen Fotografien des Bandes, die alle nach 2002 entstanden sind.

Heinrich Magirius

Die Schlosskirche Chemnitz

Arbeitsheft 7 des Landesamtes für Denkmalpflege Sachsen

ISBN 3-934544-83-5, 2005, 21 x 29,7 cm, brosch., 64 Seiten mit 100 farb. und einfarb. Abb.

Die Benediktiner-Klosterkirche Chemnitz, ein seit der Mitte des 16. Jahrhunderts „Schloßkirche" genannter Bau mit der hohen Wölbkunst spätmittelalterlicher Werkleute, der heute im nordöstlichen Querhausarm stehenden Geißelsäule des Meisters Hans Witten und dem berühmten Nordportal des Franz Maidburg, das dieser unter Verwendung von drei Figuren des H. W. geschaffen hat, wurde in ihrer mittelalterlichen Baugeschichte bei der denkmalpflegerischen Wiederherstellung zwischen 1973 und 1996 vor allem von dem Chemnitzer Denkmalpfleger Horst Richter untersucht. Die Ergebnisse – aus Richters Nachlass zusammengetragen – werden in dieser Publikation erstmalig von Heinrich Magirius, der die denkmalpflegerische Betreuung der Schloßkirche im letzten Viertel des 20. Jahrhunderts innehatte, vorgestellt und kunsthistorisch ausgewertet.

Sax-Verlag, An der Halde 12, 04824 Beucha, Tel. 034292 / 75210, Fax 75220
e-Mail: info@sax-verlag.de, www.sax-verlag.de

Die Besitzer der Herrschaft Rochsburg seit 1548

Die Besitzer der Herrschaft Rochsburg sind fett gedruckt und in ihrer Reihenfolge numeriert.

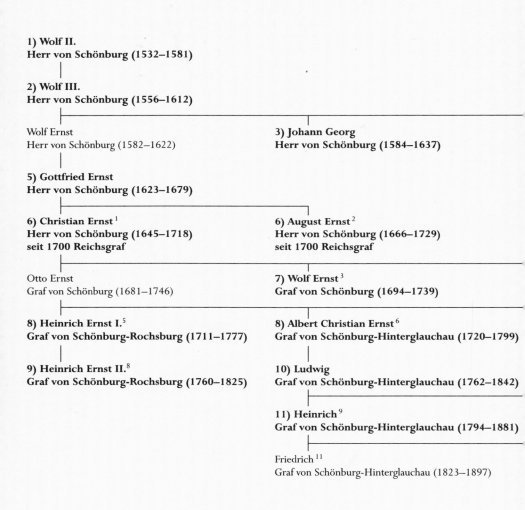

1) Wolf II.
Herr von Schönburg (1532–1581)

2) Wolf III.
Herr von Schönburg (1556–1612)

Wolf Ernst
Herr von Schönburg (1582–1622)

3) Johann Georg
Herr von Schönburg (1584–1637)

5) Gottfried Ernst
Herr von Schönburg (1623–1679)

6) Christian Ernst[1]
Herr von Schönburg (1645–1718)
seit 1700 Reichsgraf

6) August Ernst[2]
Herr von Schönburg (1666–1729)
seit 1700 Reichsgraf

Otto Ernst
Graf von Schönburg (1681–1746)

7) Wolf Ernst[3]
Graf von Schönburg (1694–1739)

8) Heinrich Ernst I.[5]
Graf von Schönburg-Rochsburg (1711–1777)

8) Albert Christian Ernst[6]
Graf von Schönburg-Hinterglauchau (1720–1799)

9) Heinrich Ernst II.[8]
Graf von Schönburg-Rochsburg (1760–1825)

10) Ludwig
Graf von Schönburg-Hinterglauchau (1762–1842)

11) Heinrich[9]
Graf von Schönburg-Hinterglauchau (1794–1881)

Friedrich[11]
Graf von Schönburg-Hinterglauchau (1823–1897)

Anmerkungen
1 Mitbesitzer bis 1689
2 ab 1689 alleiniger Besitzer
3 Mitbesitzer
4 Mitbesitzer, ab 1739 alleiniger Besitzer
5 Mitbesitzer, ab 1751 alleiniger Besitzer
6 Mitbesitzer bis 1751
7 Mitbesitzer bis 1751
8 Mitbesitzer waren Ludwig Ernst (1750–1815) und Heinrich Wilhelm Ernst (1751–1816)
9 Mitbesitzer, ab 1868 alleiniger Besitzer
10 Mitbesitzer bis 1868
11 1868 enterbt